海洋问题时评
Maritime Issues Review

第二辑
Volume 2

金永明 / 著

序　言

我与永明相识已久，因共治国际法学和海洋法学而结缘。永明长期从事国际海洋法的研究，成果颇丰。我深感赞赏和羡慕。今次他将在2014年9月至2017年4月期间发表在传统纸质媒体和新媒体（网络）上的一系列短文，继续以《海洋问题时评》的形式予以选辑分类出版，具有一定的学术价值和决策参考作用，并对国人进一步理解海洋问题，特别是有关海洋的国际法问题提供了一把启迪智慧的钥匙，可喜可贺。

从《海洋问题时评》（第二辑）选编文章的内容来看，基本涉及我国在推进海洋强国战略过程中的重大问题，需要继续关注和研究的内容。随着我国海洋强国战略目标的不断推进，我们不仅需要稳定的周边环境，尤其需要与美国发展良好的双边关系，减少其对我国海洋战略目标的实现的可能的干扰和危害，也需要与周边国家解决存在的海洋争议问题。所以从南海安全环境、南海仲裁案评析、日本研究与中日关系、中国海洋政策分析角度论述海洋，对于确保我国周边安全环境，认识南海仲裁案的由来和实质，了解中日关系的发展进程，理解和认识中国针对海洋问题的政策和立场等均有一定的助益。

本人以为，中国海洋强国战略目标的推进应分阶段、有步骤地进行。首先应合理有效地管控南海问题，再处理东海问题和台海问题，实现国家统一目标。为此，中国海洋强国战略目标可分为区域性海洋强国和全球性海洋强国两个阶段，具体的关键性指标为有效管控并最终解决南海问题、东海问题及台海问题。

应该认识到，在解决这些海洋战略性问题的过程中，不仅需要深入探讨造成这些问题的来由和本质，重点依据历史和国际法寻找解决思路和对策，同时也应拿出搞好中美关系、中日关系和中国与东盟国家之间的关系以及两岸关系的有效方案。当然，上述国家之间的关系，两岸关系，与海洋重大问题互相关联，不可割裂，所以不能单独应对，而应综合施力，合理处理。

同时，应该指出的是，上述海洋战略性问题因涉及领土主权和海洋权益，利益相关方很难作出妥协和让步，所以如何依据国际情势尤其结合海洋法的发展进程，寻找利益相关方可以接受的解决思路和方法实在是比较困难而重要的事项。

例如，针对南海问题，中国政府提出的"双轨思路"，包括制定规则、管控分歧、解决问题，是可行的措施，关键应加强国家之间的联系和合作进程，增进互信，尤其应在海洋低敏感领域加快合作进程，以共享海域资源利益。

对于东海问题，关键应让日方承认争议，存在搁置共识，这样才能就对立的钓鱼岛及其附属岛屿的争议问题展开实质性的对话和磋商，为合理解决争议问题探究方法和路径，为发展中日关系作出贡献。

如上所述，美国是中国推进海洋强国战略过程中的关键因素，尤其是中美两国就在专属经济区内的军事活动一直以来存在对立和分歧，在南海诸岛的领海及其有关岛礁的邻近海域（附近海域）的航行自由的性质持有不同立场,所以如何与美国就海洋安全举行持续的对话和协商也特别重要。关键是美国应遵守两国国防部门已缔结的双边协议和后续附件内容,以稳固和稳定东亚海洋秩序,确保海洋安全,为包括海洋法在内的海洋治理作出贡献。

为合理地解决上述海洋战略性问题,中国政府自十八大以来提出的新理念、新举措和新思路,例如,新型大国关系、亚洲安全观、"一带一路"倡议、人类命运共同体等,完全可以适用于海洋领域并进行海洋治理,以实现"依法治海"的目标。

不可否认,当前中国学者的主要任务之一是,批驳南海仲裁案的缪误及违法之处,即如何从法理上进一步批驳仲裁庭借用《联合国海洋法公约》体系缺陷,利用《联合国海洋法公约》赋予的权力,肆意妄为,滥用国际法;抑制司法扩张主义倾向,消除其不利的后续影响,为海洋争端解决机制正名,应该是我们近期的重要而艰巨的任务。

可见,对于海洋战略性问题的研究无论从范围和深度来看,研究的工作任务依然艰巨,海洋研究领域的学者大有用武之地,而高质量的成果也是国家决策部门所期待的。

永明这一本最新著作无疑是为推进中国海洋强国战略进程作出的又一学术贡献。我深切期待所有海洋法学人能与永明看齐,治学不倦,勤奋耕耘,为我国的海洋事业做出应有的贡献。是为序!

浙江大学国家千人教授

邹克渊

2017年5月31日于西子湖畔

前　言

中美以建设性方式管控难题达成共识符合国际情势

　　中美两国元首第一次会晤已顺利结束，达成多项原则性共识，会晤成果超越预定目标，获得丰硕成果，值得肯定。不仅增进了两国元首间的个人互信和团队间的融合，也进一步了解了对方的合理关切；同时，两国同意以互相尊重、建设性方式共同处理分歧和敏感性问题并达成多项共识，包括构筑和运用新的四个对话合作机制，追求阶段性成果，以期获得实质性的成效。这无疑对面向未来、共同发展的中美关系包括规划未来路线图等，具有重大意义，值得坚守。

　　不可否认，中美两国在重大安全和敏感问题上存在分歧和对立，而海洋安全无疑是两国一直以来存在对立和分歧的重要领域。对此，依据国际规则予以处理是双方必须遵循的重要原则，但两国对国际规则的理解存在分歧。在此，比较重要的国际规则特别体现在中美两国对《联合国宪章》和《联合国海洋法公约》的理解及运用上的差异。

　　众所周知，在国际重大安全问题的处理上，《联合国宪章》是主要法律基础，尤其是其规定的利用和平方法解决争端的原则，以及禁止使用或威胁使用武力是各国必须遵守的强制性原则。为此，针对国际社会的重大安全问题，必须依据联合国尤其是联合国安理会维护国际和平与安全的责任及安理会决议在认定国际争端危及国际和平与安全上的重要性，即国际重大安全问题的处置须依据联合国安理会的决议，不能依靠单个国家的主观认定，否则国际社会的和平与安定无法维护和确保。

而在处理海洋安全问题上，尤其应遵守《联合国海洋法公约》体系所蕴含的原则和制度。《联合国海洋法公约》体系存在模糊性和不确定性，但其多种原则和制度已成为习惯国际法，所以即使不是缔约国的美国也应遵守。但由于两国对《联合国海洋法公约》内的若干原则和制度存在不同的认识和理解，所以在国家实践中出现分歧甚至对立的行为，这在海洋自由问题上表现得特别明显。即国家在其他国家管辖海域内实施的海洋军事活动，存在"自由使用论"与"事先同意论"之间的对立和分歧。尽管如此，海洋应用于和平的目的，则是必须遵循的重要原则。由于《联合国海洋法公约》并未就何为"海洋和平利用"做出任何规定，所以如果以结果为导向予以判定的话，其活动目的事先是无法预知的，海洋军事活动成果运用的目的是在事后才得以知悉的。所以针对海洋军事活动问题事先进行必要的沟通和协调尤其是遵守两国先前达成的共识和缔结的协议就特别重要。

如上所述，对于这些海洋安全争议问题，在《联合国海洋法公约》体系内无法解决，所以特别应运用中美两国新近设立的外交安全对话机制予以协商解决，以尽力达成共识和理解，并以此为基础为相关国际法制度的完善和发展做出贡献。这是中美两个大国的历史责任和现实担当。

最后应该指出的是，尽管两国元首达成了以互相尊重、建设性方式处理重大安全和敏感问题的共识,但在今后的发展和实施过程中仍会遇到多种因素的影响和挑战,包括来自第三国的影响,所以中美两国利用外交安全对话合作机制处理重大安全和敏感问题的模式,则是应该坚持的;否则重大安全和敏感问题就无法消除,反而会扩大和复杂,进而无法发挥两国的积极作用,影响国际社会的和平与安全,这是国际社会无法承受和不予期望的。换言之,中美两国切实遵守两国元首间新近构筑的对话机制并取得实质性的阶段性成效,是国际社会追求的目标和愿景。

本文原刊于《人民日报》海外网,2017年4月10日

目 录

序　言 / 001
前　言 / 005

南海安全环境 / 001

US Needs Neutral Policy on Maritime Disputes / 003
A Guideline to Safeguard Sovereignty / 006
美军舰若进入中国南沙岛礁12海里内是否违法？/ 008
Talks Vital to Avoid Misjudgements at Sea / 012
以对话化解中美对抗风险 / 015
Settle Maritime Issues in Peace / 020
美对待南海问题应有建设性态度 / 022
US Should Change Tack in South China Sea / 024
South China Sea Territories Must Be Secured / 027
Will the Tensions in South China Sea and East China Sea Escalate? / 030
Prudence Can Help Solve South China Sea Issue / 032
Ruling Won't Calm Disputes in South China Sea / 035
US Should Support Beijing and Manila Normalizing Ties / 038

美军舰擅闯我国南海管辖海域的四个严重后果 / 041

中美关系与海洋争议的关联性 / 045

习特会前看南海，中美能否携手维护亚太和平？ / 050

南海仲裁案评析 / 057

菲律宾南海仲裁案的裁决预测、消极影响及应对策略 / 059

南海仲裁案的由来及中国政府的立场 / 065

南海仲裁结果为何是"废纸"？只因这是一场违反国际法的闹剧 / 072

Tribunal Null and Void from the Beginning / 077

南海仲裁案最终裁决效果及中菲关系预测 / 080

否定中国南海断续线，南海仲裁庭错在哪？ / 084

菲律宾对外政策的变化及对南海局势的影响 / 089

非法仲裁案半年过去，美国在南海争议中造成了哪些影响？ / 093

日本研究与中日关系 / 099

冲之鸟的前世今生 / 101

Concrete Actions Needed to Rebuit Ties / 114

中日处理和改善两国关系四点原则共识评价 / 118

前景迷茫的日本积极和平主义政策 / 122

日本《政府开发合作大纲》的内容和对中国的启示 / 137

中国限制公民赴日旅游措施分析及建议 / 146

菲日关系"再确认"，日本为干涉南海"修法" / 151

中日海洋关系发展进程及未来应对建议 / 155

中国海洋政策分析 / 161

增强海洋意识及维护海洋权益的若干对策 / 163
中国与周边邻国的岛争预测及展望 / 170
"Road and Belt Initiatives" to Restore Lost Glory / 173
China's Claim in Sea Legal and Justified / 176
论中国南海政策倡议的合理性与可行性 / 179
中国海洋强国战略论纲 / 183
我国退出《联合国海洋法公约》弊大于利 / 211
全民国家安全教育日，我们来聊聊中国怎样转型为世界性海洋大国 / 217
海上丝路与南海问题 / 223
新形势下我国处置海洋问题的思考 / 233
中国加快加大国际法研究力度之要义 / 239
中国未来如何经略南海 / 244
中国成为全球和区域治理的引领者与弄潮者 / 252
中国处置南海问题争议的若干对策建议 / 256
中国海洋政策的文化之维 / 264
稳定东亚海洋安全秩序，中国应积极作为 / 275
时代的呼唤与中国的作用 / 279
从上海到南海，中国离海洋强国有多远 / 282

延伸阅读索引 / 286

后 记 / 291

南海安全环境

US Needs Neutral Policy on Maritime Disputes

During her first visit to China over the weekend, US National Security Advisor Susan Rice said President Barack Obama viewed his scheduled visit to China in November as a milestone because he would attach great importance to Sino-US relations.

Although Obama's visit is still two months away, observers believe that the instability in the South China Sea owing to the "pivot to Asia" policy of the US will be high on the agenda of the Sino-US talks.

Beijing's stance has been reiterated by Foreign Minister Wang Yi, who said on Sept.7 that China and the Association of Southeast Asian Nations were fully capable of maintaining peace and stability, as well as ensuring freedom of navigation in the South China Sea. He also expressed understanding of reasonable concerns from non-regional countries and hoped them to play a constructive role in resolving the South China Sea issue.

If Washington understands the essence of such messages, it will help develop better Sino-US relations. In July, US Senate passed Resolution 421 on sovereign disputes in the Asia-Pacific region, asking China to close its oil rig in and withdraw its convoy vessels from the waters off its Xisha Islands.

The resolution also asked China to exercise restraint in using its Air Defense Identification Zone over the East China Sea.

Deputy Assistant Secretary of US Department of State Michael Fuchs went further to say that parties to territorial disputes should not take any action to change the status quo—which includes reclamation near and constructions on or near disputed islands—to create favorable conditions for negotiations. The US has even proposed "three nos" for disputing parties: no scrambling for islands and outposts, no changing the landscape of the South China Sea and no taking unilateral action against other countries.

The "three nos" proposal, or "moratorium", on activities in the South China Sea is different from the earlier US policy on the issue and, worse, mainly targeted at China while ignoring the provocative actions of other countries, which are illegally exploiting the resources or occupying islands in disputed waters. Such double standard is obviously aimed at containing China's activities and, therefore, not conducive to maintaining peace and stability in the South China Sea and the Asia-Pacific region as a whole.

At the East Asian foreign ministers meeting last month, Wang Yi said that China and ASEAN had worked out ways to address the South China Sea disputes. China supports and advocates the use of a "dual-track" approach to settle the disputes—disputing countries should resolve their disputes through friendly negotiations while China and ASEAN member states jointly maintain peace and stability in the South China Sea.

Such a "dual-track" approach is not only a direct response to the US Senate's policy proposal and the US Department of State officials' remarks, but also reflects China's basic policy and stance on the South China Sea issue.

It is also a continuity and reiteration of China's previous policies.

The US has to change its discriminate policy on the South China Sea disputes if it indeed stands for peace and development.

On Tuesday, Vice Chairman of the Central Military Commission Fan Changlong told Rice that the US should halt its close—in aerial and naval surveillance of China and take the correct view of the development of the Chinese military.

The US should also curb its joint military drills with countries that have territorial disputes with China and reduce its weapons aid to them, and downsize its military deployment in the region and stop interfering in regional affairs. As a superpower, the US has the moral responsibility to adopt a neutral policy and play a constructive role as a mediator in disputes, thereby contributing to regional and global peace.

China is not the troublemaker in the South China Sea. Instead, it is committed to maintaining peace and stability in the region. China's actions should thus be viewed in the right perspective, that is, in relation to the actions of the other disputing parties, for only then can they be correctly judged.

本文原刊于《中国日报》2014年9月11日，第9版

A Guideline to Safeguard Sovereignty

The communiqué issued by the fourth plenum of the 18th CPC Central Committee says China should strengthen foreign-related legislation and use legal means to safeguard its sovereignty and security, and development interests. This requires undertaking concrete tasks to improve the country's legal system.

China is both a beneficiary and protector of the extant international order, even though it is opposed to certain aspects of the order. And given that it is opening up further to the outside world, China needs to maintain close links with the international community. But increased exchanges and deepening cooperation with the rest of the world will surely give rise to more problems and disputes. How to handle these problems and disputes remains a big issue for China, and this is where the rule of law can play a vital role, for it can help resolve them in a relatively reasonable way.

To take care of its security problems, especially those that threaten national (or military) security, China should strengthen communication with other countries, especially the United States, to make its stance clear and, if possible, reach an understanding, but without compromising its interests. To resolve issues related to sovereignty, especially political independence and territorial integrity, China must turn to history and international laws. But since these are complicated and sensitive issues, and could seriously influence national sentiments if not handled properly, China should exercise calm and patience in its efforts to resolve them.

More importantly, China should make the rest of the world know that it will use peaceful methods, including legal means, to resolve disputes, including those over development and security issues, with other countries. This will prevent misunderstandings with other countries and help the cause of world peace and prosperity. Also, China should offer a sound basis and guarantee for settlement of such issues through legal means.

本文原刊于《中国日报》2014年10月27日，第8版

美军舰若进入中国南沙岛礁12海里内是否违法？

最近，据美国《华尔街日报》报道，美国军方声称为了航行自由，正考虑派军舰和军机进入中国南沙岛礁12海里海域。对此，中国外交部发言人指出：中方一向主张南海航行自由，但航行自由绝不等于外国军舰、军机可以随意进入一国领海、领空。从理论上讲，此话题涉及军舰在领海内的无害通过制度。

《联合国海洋法公约》（以下简称《公约》）第17条规定，在本公约的限制下，所有国家，不论为沿海国或内陆国，其船舶均享有无害通过（innocent passage）领海的权利。此即船舶在领海的无害通过制度。在此的"船舶"应为所有的船舶，包括军舰在内。那么，从法律层面上看，军舰在沿海国领海内的无害通过，应具备何种条件，又受到何种限制呢？

对于军舰在领海内无害通过的条件，主要包括以下方面：

第一，无害性。即军舰通过领海应是无害的。"无害"，就是不能损害沿海国的和平、良好秩序或安全。《公约》第19条列举了认定为有害的12种活动，包括：对沿海国的主权、领土完整或政治独立进行任何武力威胁或使用武力，或以任何其他违反《联合国宪章》所体现的国际法原则的方式进行武力威胁或使用武力；以任何种类的武器进行任何操练或演习；任何目的在于搜集情报使沿海国的防务或安全受损害的行为；任何目的在于影响沿海国防务或安全的宣传行为；在船上起落或接载任何飞机；在船上发射、降落或接载任何军事装置；违反沿海国海关、财政、移民或卫生的法律和规章，上下任何商品、货币或人员；违反本公约规定的任何故意和严重的污染行为；任何捕鱼活动；进行研究或测量活动；任何目的在于干扰沿海国任何通讯系统或任何其他设施或设备的行为；与通过没有直接关系的任何其他活动。也就是说，军舰在领海内的活动只要是上述12种活动之一，就被认为是有害的，是应加以禁止的。

第二，连续性。《公约》第18条规定，军舰通过领海的航行应是穿过领海但不进入内水或停靠内水以外的泊船处或港口设施；或驶往或驶出内水或停靠这种泊船处或港口设施。同时，这种通过应继续不停和迅速进行，除非受到不可抗力或遇难或为救助人员、船舶或飞机的目的而停止。此外，沿海国不应妨碍外国船舶的无害通过领海，包括不应对外国船舶强加要求，其实际后果等于否定或损害无害通过的权利，或造成在形式上或事实上的歧视。

第三，明确性。《公约》第20条规定，在领海内，潜水艇和其他潜水器，须在海面上航行并展示其旗帜。

第四，责任性。《公约》第31条规定，对于军舰不遵守沿海国有关通过领海的法律和规章或不遵守本公约的规定或其他国际法规则，而使沿海国遭受的任何损失或损害，船旗国应负国际责任。

对于军舰在领海内无害通过的限制，主要为：

第一，遵守沿海国制定的法规。《公约》第25条规定，沿海国可在其领海内采取必要的步骤以防止非无害的通过。具体限制为应遵守沿海国制定的关于无害通过的法律和规章。当然，沿海国应将所有这些法律和规章妥为公布。第二，遵守沿海国指定或规定的海道航行。《公约》第22条规定，沿海国考虑到航行安全认为必要时，可要求行使无害通过其领海权利的外国船舶使用其为管制船舶通过而指定或规定的海道和分道通航制。第三，对违反沿海国法规的处置措施。具体为：如果发现有非无害的航行活动，则可要求其停止；如果其依然不停止活动，则可要求其离开领海。

以上为军舰在领海内无害通过的一般性规定，而军舰在领海内无害通过的争议焦点为：其"是需要得到沿海国的事先同意或通知"，还是"可以自由使用"。这是由于《公约》第17条的模糊性和第19条规定的列举性造成的。即《公约》第17条仅规定了所有船舶均享有无害通过领海的权利；第19条没有直接对"无害"做出明确定义，而只对有害活动做出了列举性的规定，从而出现分歧及对立的国家实践。一般来说，海洋大国多强调自由使用论，而发展中国家则多采取事先同意论。这是从各国签署、批准《公约》时的声明，以及联合国法务局海洋法部提供的各国领海法资料中获得的结论。

《中华人民共和国领海及毗连区法》（1992年2月25日批准）第6条第2款规定，外国军用船舶进入中国领海，须经中国政府批准；第10条规定，外国军用船舶在通过中国领海时，违反中国法律、法规的，中国有关主管机关有权令其立即离开领海，对所造成的损失或者损害，船旗国应当负有国际责任。中国在1996年5月15日批准《公约》时，就做出了以下声明，即中国重申：《公约》有关领海内无害通过的规定，不妨碍沿海国按其法律规章要求外国军舰通过领海必须事先得到该国许可或通知该国的权利。这些内容均体现了《公约》的原则和精神，是国家保护领海权的意志体现，应该受到他国尊重和遵守。

不可否认的是，由于该制度的模糊性和国家实践的多样性，军舰在领海内的无害通过制度将会是一个新的热点和话题。为此，我们必须积极而慎重地对待，尤其应加强中美双边对话和沟通协调，以增进理解和互信并确保我国在南海的合理、合法权益。

本文原刊于《东方早报·上海经济评论》2015年5月18日，第A12版

Talks Vital to Avoid Misjudgements at Sea

A series of recent remarks and actions by the US has again pushed the South China Sea issue into the international spotlight. These include US Deputy Secretary of State Antony Blinken's comment that by reinforcing some islands and reefs of Nansha Islands, China is heightening tensions and instability in the region and the US Navy P-8A Poseidon surveillance flights over China's islands.

Since such remarks and actions have raised the international community's concerns and will affect China's diplomacy, sovereignty and security, the government should clarify its activities in the South China Sea from a legal point of view to defuse tensions.

Given the lack of specific provisions on "military activities" in the UN Convention on the Law of the Sea, China and the US have diverse, even conflicting views on such activities, including military surveys, reconnaissance and joint drills within a country's exclusive economic zone (EEZ). And because of their differing views, Beijing and Washington have formed different ideas about the peaceful use, including research, of oceans and seas. The root cause of the dispute is whether a country needs the prior consent of other countries to carry out military activities within its EEZ or is there no need for such consent on the grounds of "freedom of navigation rights".

The US is not a member of the UNCLOS, but the EEZ provisions of the Convention have become universally recognized law, which the US too should abide by. In situations where China and the US cannot resolve their differences over the definition of "military activities" according to the UNCLOS, they should hold talks to enhance mutual understanding and, in particular, comply with two documents signed in October and November 2014, which present a mechanism for mutual reporting of each other's major military activities and the code of conduct during sea and air encounters.

The US is concerned over China's reclamation activities on some islands and reefs in the South China Sea, saying that that will not legalize its expanded territorial sovereignty. The US also accuses China of posing a threat to marine ecology and violating the Declaration on the Code of Conduct in the South China Sea.

But these accusations are baseless. China is not the only country to implement island or reef reinforcement projects it the South China Sea but the US, which exposes its double standards has never expressed concern over similar activities of other countries.

China's reinforcement work is only aimed at maintaining its maritime rights and interests, including improving its maritime facilities, in the South China Sea. It has nothing to do with the expansion of its territorial sovereignty as some countries have alleged. Since its actions are within the scope of its sovereignty, they do not warrant any question or criticism.

China's reinforcement activities will not stop because of baseless charges by other countries, but it is willing to strengthen coordination and enhance communications with relevant parties to work out norms and systems to deepen mutual trust and avoid misunderstandings and misjudgments.

Enhanced communications with the US, especially under the framework of the October and November 2014 documents, will help China deepen mutual understanding and avoid possible misunderstandings. The Chinese government should also strengthen cooperation and exchanges with ASEAN member states, including through joint drills for maritime rescue and antipiracy operations, to reach a code of conduct for the South China Sea, and the efforts to make this possible should be accelerated.

But even if China and the ASEAN member states agree to such a code of conduct, the South China Sea dispute should still be resolved through political means directly between the parties concerned.

Besides, to better maintain its territorial sovereignty in the South China Sea, China also needs to improve its domestic maritime policies and legal system to legally back up its justified claims.

本文原刊于《中国日报》2015年5月27日，第9版

以对话化解中美对抗风险

《华尔街日报》在近期报道了美国国防部将派遣军舰军机进入南沙岛礁领海领空的信息,以确保美国所谓的在南海的航行和飞越自由。如果美国军舰自由地进入南海岛礁领海范围内航行,则将严重损害中国在南海的主权、安全和海洋利益,进而在中美之间产生潜在的军事对抗风险。为此,有必要分析中美围绕航行自由的争议、潜在风险及中国的应对策略。

一、中美关于航行自由争议的焦点

众所周知,中美两国在专属经济区内的军事活动问题(军事测量活动、谍报/抵近侦察活动、联合军事演习)上存在严重的对立和分歧。这在很大程度上是由于《联合国海洋法公约》并未对"军事活动"做出明确的规范造成的。其中争议的焦点是——在专属经济区内的军事活动是需要沿海国的事先同意,还是可以自由进行?

《公约》承袭1958年4月29日通过的《领海与毗连区公约》(第1—23条)制定了领海的无害通过制度(第2—32条)。《公约》的领海无害通过制度,是指所有国家,不论为沿海国或内陆国,其船舶均享有无害通过领海的权利。不过,对他国军舰通过领海有限制条件,主要体现在两个方面：

第一，通过的无害性及连续性。《公约》第19条第1款规定，通过只要不损害沿海国的和平、良好秩序或安全，就是无害的。这里的通过是指穿过领海但不进入内水或停靠内水以外的泊船处或港口设施。同时，这种通过必须是连续的，即通过应继续不停和迅速进行。尤其是在领海内，潜水艇和其他潜水器，须在海面上航行并展示其旗帜。

第二，通过的规范性和责任。他国军舰在通过沿海国的领海时，应遵守沿海国关于无害通过（innocent passage）的法律和规章，包括航行安全及海上交通管理；保护助航设备和设施及其他设施或设备；保护电缆和管道；养护海洋生物资源；防止违反沿海国的渔业法律和规章；保全沿海国的环境，并防止、减少和控制该环境受污染；海洋科学研究和水文测量；防止违犯沿海国的海关、财政、移民或卫生的法律和规章。同时，沿海国从航行安全出发认为必要时，可要求行使无害通过其领海权利的外国船舶使用其为管制船舶通过而指定或规定的海道和分道通航制。也就是说，领海无害通过制度赋予了沿海国采取必要的步骤以防止非无害的通过的权利。所谓的沿海国的保护权，其理论依据就是确保沿海国的国防安全和良好秩序。对于任何军舰不遵守沿海国关于通过领海的法律和规章，而且不顾沿海国向其提出遵守法律和规章的任何要求，沿海国可要求该军舰立即离开领海；对于军舰不遵守沿海国有关通过领海的法律和规章或不遵守《公约》的规定或其他国际法规则，而使沿海国遭受的任何损失或损害，船旗国应负国际责任。可见，沿海国对于发现在自国的领海有非无害的航行活动，则可要求其停止；如果其依然不停止活动，则具有可要求其离开领海的权利。

不过，军舰在领海内无害通过的争议焦点在于，其是需要得到沿海国的事先同意或通知，还是可以自由使用。对此，《公约》缺乏明确的规定。这是由于《公约》第17条（无害通过权）的模糊性和第19条（无害通过的意义）仅列举性地规定有害活动造成的。即《公约》第17条仅规定了所有船舶均享有无害通过领海的权利；《公约》第19条没有直接对"无害"做出明确定义，而只对有害活动做出了列举性的规定。这实际上是在第三次联合国海洋法会议（1973—1982）上，各国无法对领海无害通过制度达成一致而采取折中并妥协的产物。

在针对国际条约解释存在意见不一并无法妥协的情形下，则只能参照国家实践。而从各国在签署、批准《公约》时的声明，以及联合国法务局海洋法部提供的各国领海法资料可以看出，海洋大国多强调自由使用论，而发展中国家则多采取事先同意论。

二、中美对无害通过制度的不同理解

一般认为，美国在航行自由上的政策起源于《杜鲁门公告》（1945年9月28日）。《杜鲁门公告》指出，大陆架上的水域作为公海的性质以及公海自由和无碍航行的权利不受任何影响。而在南海航行自由上的政策主要体现在1995年5月10日美国政府发表的《关于南沙群岛和南中国海的政策声明》，2012年8月3日美国政府《关于南海问题的声明》，以及2014年12月5日美国国务院发表的《海洋界限：中国在南海的海洋主张》等文件中。从这些文件内容可以看出，美国高度关注在南海的航行自由，并认为确保南海航行自由是美国的核心利益。

作为当今世界上最大的海洋国家，在对领海内无害通过规定的理解方面，美国强硬主张军舰可以自由地无害通过沿海国的领海，无须沿海国的事先同意。

但是，对于中国来说，《中国领海及毗连区法》（1992年2月25日）

第6条第2款规定，外国军用船舶进入中国领海，须经中国政府批准；第10条规定，外国军用船舶在通过中国领海时，违反中国法律、法规的，中国有关主管机关有权令其立即离开领海，对所造成的损失或者损害，船旗国应当负有国际责任。我国在1996年5月15日批准《公约》时，就做出了以下声明，即中国重申：《公约》有关领海内无害通过的规定，不妨碍沿海国按其法律规章要求外国军舰通过领海必须事先得到该国许可或通知该国的权利。这些内容均体现了《公约》的原则和精神，是国家保护领海权的意志体现，应该得到他国尊重和遵守。

三、加强双边协商是关键

现今，如果美国的军舰自由地进入中国南海岛礁领海范围，则必将对中国制定的针对领海的无害通过制度带来重大挑战，并将严重影响中国在南海的主权和安全利益，引起中美在外交、安全等领域上的严重对立。换言之，中美两国之间在南海航行自由问题上的对立和分歧将有扩大化的趋势，进而使南海问题争议的解决更为复杂和困难，并进一步危及区域安全和海洋秩序的稳定。

尽管美国不是《公约》的成员国，但领海和专属经济区制度已成为习惯国际法，得到各国实践的确认，所以，美国也应遵守《公约》的领海和专属经济区制度。但如上所述，问题的关键是，即使在《公约》的框架内，也无法解决中美两国之间存在的军事活动问题争议。所以，为了避免潜在的军事对抗的风险，中美只能通过加强双边对话和协商机制来管控危机。

为此，中美特别应遵守两国军事部门于2015年缔结的《重大军事行动相互通报机制》和《海空相遇安全行为准则》，以规范两国军事部门海空安全行为，确保领海和专属经济区内军事活动有序，进而共同维护海洋的航行自由和安全。

同时，对于领海内的军舰无害通过问题，也要加紧对话和谈判，以进一步完善《公约》对领海无害通过制度的规定。换言之，中美应以双边层面存在的对话和协商机制的互动为基础，为进一步修正和完善《公约》关于领海内军舰无害通过的相关制度做出贡献。

本文原刊于《社会观察》2015年第9期

Settle Maritime Issues in Peace

Just before President Xi Jinping's state visit to the US, Washington has again criticized Beijing's reclamation projects in the South China Sea. The incidents in the South China Sea used by Washington to raise disputes with Beijing have happened within China's exclusive economic zones, where the US has conducted surveillance and military reconnaissance, and held joint military drills more than once.

China and the US are yet to reach an agreement on warships' rights of "free navigation" or "innocent passage" in the waters around China's Nansha Islands. And whether or not such naval freedom requires prior permission has raised some disputes within the international community.

Bilateral negotiations should, therefore, play a key role in deepening mutual trust and reaching a consensus before unnecessary misunderstandings and misjudgments lead disputing countries astray.

Washington, in particular, should take a constructive stance on the territorial disputes over the Nansha islets and reefs between China and some neighbors, like the Philippines, instead of taking sides or further raising tensions in the region. It has to stop selling its cutting-edge weapons to other

Asia-Pacific countries, and think twice before holding joint military exercises or signing biased treaties with them, such as the guideline for US-Japan defense cooperation in April.

In other words, the US government should take a neutral position on the Nansha Islands issues instead of further complicating or internationalizing the situation. Freedom of navigation has always been a major concern of countries in the Asia-Pacific region, including China and the US. So, it should be settled without any bias. Closer cooperation remains critical to safeguard maritime security which serves the shared interests of the international community.

本文原刊于《中国日报》2015年9月21日,第9版

美对待南海问题应有建设性态度

即将举行的中美两国元首会晤,受到国际社会的广泛关注。因为这次会谈将进一步规划中美关系的未来,充实新型大国关系内涵,包括加强合作、处理分歧、增进共识、维护秩序等,会晤成果将进一步影响和引导世界发展进程和趋势。中美在各领域已加强了全面合作进程,获取了广泛的共同利益,这是需要保持和提升的重要方面,但也存在一些明显对立和分歧的领域,如在南海问题上的分歧就是其中之一。

中美两国在南海问题上的争议主要集中在专属经济区内的军事活动争议(军事测量活动、抵近侦察活动、联合军事演习),以及新近针对军舰在南沙岛礁领海内的无害通过制度(所谓的航行自由)上,其焦点为这些活动可以自由进行,还是需要得到事先许可或通知沿海国。由于其在理论上存在规范的模糊性,所以各国实践不一,从而引发国际社会的争议。由于其无法在《联合国海洋法公约》体系内解决,所以,应通过双边对话协商解决,以增进互信和共识,避免误判和误解。

可喜的是,中美两国军事部门经过努力已于2015年缔结了《重大军事行动相互通报机制》和《海空相遇安全行为准则》,所以,以此为基础遵守和规范两国军事部门的协调行为就特别重要，待条件成熟后应使其获得进一步的丰富和发展，以维护海洋安全秩序，发挥中美大国作用。

同时，美国应以建设性的言行看待中国和有关国家的在南海的领土争议问题，而不是采取使事态复杂化的行动包括出售和部署新型武器、加强军力配置、增加联合军演、缔结防御协定、修订日美防卫合作指针、支持强制仲裁等，这将对中国与有关国家做出的努力产生负面影响。也就是说，在南海领土争议问题上，期望美国保持实质中立的态度，并采取公正的立场和行为，避免南海问题复杂化和国际化。

事实上，包括中美在内的国家一直以来高度关注南海的航行自由，所以，希望各国采取合作措施，保障在南沙周边海域的航行安全，而不受南海领土争议问题影响，这是国际社会的共同利益和合理追求。为此，各方如能切实落实中国政府提出的合理建议，如"维护南海和平稳定三点倡议"，则可确保各方利益和诉求，并维护海洋的安全和秩序。

本文原刊于《东方早报·上海经济评论》2015年9月22日，第11版

US Should Change Tack in South China Sea

The United States is likely to sail warships close to China's artificial islands in the South China Sea, once again using "free navigation" as an excuse to interfere in the regional territorial disputes. In the past, the US has refrained from sending warships within the 12-nautical mile zone of China's artificial features, but this time the warships will reportedly do so.

In fact, the US' obsession with free navigation originated with the Truman Proclamation, which was issued by the then-president Harry S. Truman in 1945 to guarantee such freedom in the high seas. In recent decades, Washington has become increasingly focused on the South China Sea, asserting free navigation in the regional waters is a core interest.

Of all foreign military activities in the exclusive economic zones (especially those of China and the US), the innocent passage of warships through territorial seas, has fueled the majority of clashes and disagreements, as the United Nations Convention on the Law of the Sea fails to provide explicit regulations on such activities. Consensus has seldom been reached on the peaceful use of marine resources and maritime scientific studies in such waters either.

In particular, whether the relevant coastal states should be notified and asked for permission prior to foreign military activities within their exclusive economic zones has become a global concern. It is something on which consensus is unlikely to be reached under the framework of the convention, not to mention the US has not ratified the convention yet.

As for Beijing and Washington, they are supposed to engage in bilateral dialogues and negotiations to enhance mutual trust, and abide by the key principles, especially the early notification of major military operations, and their guidelines on behavior to avoid military encounters, which were agreed in November last year.

Being two major players in the Asia-Pacific area, China and the US share the responsibility to improve the management of military activities in the region's economic zones. Likewise, they should deal rationally with their disputes over the innocent passage of warships through territorial waters, which largely depends on providing advance notice.

Indeed, there has no international law on innocent passage recognized by the entire international community, but it is undoubtedly necessary for all foreign warships to obey the relevant local rules and regulations should they attempt to cross other countries' territorial waters, regardless of innocent intentions.

Therefore, both countries should fully analyze their disputes over innocent passage, based on UNCLOS, which stipulates that coastal states have the right to make their own laws and regulations to govern the passage of foreign warships through their territorial waters and safeguard maritime stability.

On its part, China is becoming more active in attempting to resolve the South China Sea issues, namely by launching more construction projects around the Nansha Islands, providing public goods, seeking negotiations to establish a Code of Conduct in the waters and adopting a dual track approach based on consensus with the members of the Association of Southeast Asian Nations that the disputes should be resolved through direct negotiations between disputing parties and peace and stability should be maintained through joint efforts.

The US needs to take a more inclusive and constructive approach to the South China Sea. It should remain neutral on the territorial disputes and stop giving unprincipled protection (military aid, joint drills, defense treaties) to some of its allies, such as the Philippines. If it truly wants to boost the progress that some regional players have made so far in shelving the maritime disparities, instead of further complicating the South China Sea issues, it has to display some sincerity to the international community.

本文原刊于《中国日报》2015年10月13日，第9版

South China Sea Territories Must Be Secured

Just a month after President Xi Jinping concluded his first state visit to the United States, US guided-missile destroyer USS Lassen entered the waters around China's Zhubi Reef in the South China Sea on Oct.27 without the permission of the Chinese government, which was a breach of international law.

But this should not come as a surprise because Washington had been urging Beijing to halt its reclamation projects in South China Sea. The two sides are yet to reach an agreement on the issue.

On the pretext of "freedom of navigation", USS Lassen's entry into the waters around Zhubi Reef was aimed at hindering China's reclamation projects and preventing its militarily from establishing its presence in the regional waters. The fact is that such illegal "patrols" could sabotage navigation security, which is why China has lodged a protest with the US.

The bigger question seems to be whether China can lay claim to the territorial waters on the basis of its Zhubi Reef and Meiji Reef in the South China Sea. The former is a circular reef about 3.2 nautical miles (about 6 kilometers) in length and less than 2 nautical miles in breadth, covering an atoll of about 16.5 square kilometers. Its higher west end is about half meter above water at low tide but goes under at high tide. The Meiji Reef, however, basically remains above water.

These "rocks", according to Article 121 of the United Nations Convention on the Law of the Sea, are allowed to "own" territorial sea. Despite that, China has exercised the utmost restraint by referring to them as "near-shore waters" in a bid to avoid unnecessary misunderstandings, safeguard regional stability and guarantee freedom of navigation, especially in the waters near its Nansha Islands.

The US, however, deems the islets and reefs, including the Zhubi and Meiji reefs, as low-tide elevations, which can neither have territorial sea nor be used as the baseline for measuring the breadth of territorial sea, according to Article 7 of UNCLOS.

Believing that China's reclamation projects will lead to de facto "militarization" in the region, the Obama administration abandoned its neutral stance and sent its warship within 12 nautical miles of China's two islets in the hope of securing, what it believes is, freedom of navigation and backing other regional countries' territorial claims, and to further marginalize China.

But without informing the Chinese government in advance of its warship's entry into the waters around the Zhubi Reef, the US has violated Article 2 of the UN Charter that requires peaceful settlement of disputes and the threat or use of force principles, China's domestic laws and the mutual notification mechanism for major military activities that the two countries' defense authorities agreed to last year. Such actions will only escalate the tensions in the South China Sea, hampering China-US interaction and the efforts to resolve regional disputes.

There are certain things that Beijing can do should Washington keep sending its warships near the Nansha Islands. Apart from lodging protests with the US government, it can also assign its maritime forces to supervise and follow the "innocent passage" US ships and urge them to leave. Of course, China should earmark a "safe zone" to limit, even halt, the "innocent passage" of foreign, including US warships, when its security is under threat.

Also, it should publicize the baselines of some Nansha islets and reefs in accordance with the unfolding security situation, enhance management of the territorial waters, and take measures to steadfastly protect its legal interests.

Unlike what the US speculates, China's reclamation projects in the South China Sea can help provide better maritime services to the international community. Dissenting countries, such as the US, are supposed to engage in sincere dialogues with China, instead of resorting to military measures. As for Beijing, it should keep building public facilities and defense forces on the Nansha Islands along with strengthening its laws to reduce the gray areas of maritime management.

本文原刊于《中国日报》2015年11月4日，第9版

Will the Tensions in South China Sea and East China Sea Escalate?

Possible, but they will be controllable. Basically, the disputes in the South China Sea with some members of the Association of Southeast Asian Nations and in the East China Sea with Japan, range from maritime borderlines and exploitation of oceanic resources to security issues.

In particular, it is almost impossible to peacefully resolve the territorial clashes near China's Nansha Islands in the immediate future, because neither China nor the other claimant states are likely to compromise. Enhancing their maritime cooperation in less sensitive fields and expediting their negotiations over a code of conduct for the South China Sea, might help defuse the tensions.

China and the United States also have different standpoints regarding whether the military activities in other countries' exclusive economic zones and innocent passage (of foreign warships) through territorial waters are permitted without advance approval. The EEZ issue should be dealt with through bilateral negotiations, while warships should abide by the domestic maritime regulations and laws of the countries concerned.

That China and the Republic of Korea started first formal talks on maritime delimitation in Seoul last Tuesday, is likely to serve as a precedent in similar transnational negotiation, should they manage to reach a consensus through dialogue. Of course, China should not take any steps backwards particularly in the exploitation of fishery resources.

China does not accept nor will it participate in the Philippines's South China Sea arbitration, which makes little difference to their core differences over some Nansha islets and reefs and maritime delimitation. To prevent the clashes from spilling over requires Beijing to make consistent responses to the accusations made by Manila, and further disclose its stance on the South China Sea issues. That being said, China still has a mountain to climb in promoting its "dual track" approach.

本文原刊于《中国日报》2015年12月31日，第7版

Prudence Can Help Solve South China Sea Issue

China's refusal to accept the arbitration initiated by the Philippines in the South China Sea issue in 2013 is entirely in accordance with the law. In 2006, China exercised its right under Article 298 of the United Nations Convention on the Law of the Sea to reject compulsory arbitration on the issue.

Although the ruling by the Permanent Court of Arbitration on Manila's complaint will be announced later this year, a part of it has been released. And the available content of The Hague-based court's ruling has several flaws.

For one, it falsely judges the ownership of a low-tide elevation according to the UNCLOS' definition, which refers to "a naturally formed area of land which is surrounded by and above water at low tide but submerged at high tide". In contrast, it is international law that decides whether a low-tide elevation can be owned by a relevant coastal country, particularly when it comes to territorial acquisition. Many countries, including China and the Philippines, are yet to reach a consensus on the tidal datum, which plays a vital role in judging the ownership of low-tide elevations in the light of international law, leading to disparities over delimitation in the South China Sea.

Therefore, it would be inappropriate and unconvincing for the Hague-based court to make an arbitration tribunal decision before making clear the limitations of the UNCLOS in disputes over low-tide elevations.

It should also be noted that the United States has intensified its security-related interventions in the South China Sea issue, although it doesn't even remotely concern its national security, to push forward its "pivot to Asia" strategy. To strengthen its leadership in the region and fulfill its "defense-oriented" obligations to help allies like Manila, Washington has sought to challenge Beijing's legal construction work on its own islets and reefs.

The US' provocative actions over the past months, including the recent intrusions by the its guided-missile destroyers USS Lassen and USS Curtis Wilbur into the waters near China's islands in the South China Sea, have resulted in serious frictions between the two countries over regional maritime issues. The US is also likely to hold more joint military drills with some of its Asian allies and further bolster its military bases in the region, in the hope of consolidating its foothold in the South China Sea.

In response to Washington's increasing provocations, particularly its warships' "free navigation" in the waters off China's Xisha Islands, Beijing has exercised the utmost restraint to avoid an open conflict.

On the one hand, Beijing has to take a prudent stance on the South China Sea issue, because the baselines of some Nansha islets and reefs remain unclear even though UNCLOS allows reclamation work on its islets and reefs. On the other hand, coastal nations reserve the right to ask foreign ships availing of "innocent passage" to abide by relevant laws and regulations. Therefore, China and the US should hold more talks, in a bid to reach a consensus on "freedom of navigation" and major security issues. Should they succeed in their endeavor, other coastal countries can use some of the resultant rules to deal with similar disputes.

To better safeguard regional peace and stability, China also needs to work with the Association of Southeast Asian Nations to facilitate consultations over the Code of Conduct in the South China Sea. Besides, it should make more efforts to implement the 21st Century Maritime Silk Road Initiative to deepen China-ASEAN cooperation as a counter-measure to the joint efforts of the US and the Philippines to muddle the South China Sea waters.

本文原刊于《中国日报》2016年4月1日，第9版

Ruling Won't Calm Disputes in South China Sea

China's clear-cut stance in response to the arbitration case unilaterally pushed forward by the Philippines on its dispute with China in the South China Sea can be generalized as "non-acceptance, non-participation, non-recognition and non-compliance".

The arbitration case submitted by the Philippines to the Permanent Court of Arbitration in the Hague is in essence about the territorial sovereignty of some islands and reefs in the South China Sea, a jurisdiction that is beyond the scope of the United Nations Convention on the Law of the Sea and also inapplicable to the Convention's explanations.

Given that land territorial ownership is the legal basis to demarcate the maritime rights of coastal states according to international law, a judgment about maritime rights and interests in the South China Sea can be made only after territorial sovereignty is determined.

In the arbitration case, Manila partitions China's Nansha Islands, and asks the arbitral tribunal to make a ruling on the maritime rights of the islands and reefs "occupied or controlled" by China. However, the maritime rights and interests of the South China Sea islands are inseparable from their sovereignty. According to international law and judicial practices only countries owning sovereignty over islands and reefs in a sea are privileged to claim such maritime rights as an exclusive economic zone or continental shelf in accordance with the Convention. Therefore, only after a country's ownership of islands and reefs is legally recognized, can the Convention or its explanations be applied to the settlement of disputes if other countries question whether that country's maritime claims conform to the Convention or raise their own claim to overlapping maritime rights.

It is also China's stance that the legitimacy of its activities in the waters of the Nansha Islands and Huangyan Island is based on its ownership over these islands and reefs and corresponding maritime rights. In its arbitration case, the Philippines says it enjoys indisputable jurisdiction over the waters where China's "law enforcement" activities are conducted. But the fact is that China and the Philippines have not concluded their maritime demarcation in the sea. So Manila's arbitration application should come after the sovereignty of relevant islands and reefs is confirmed and maritime demarcation is completed.

The Philippines' proposal that the Convention is first used to judge China's maritime rights in the South China Sea even if the ownership of some islands and reefs in the sea is not confirmed is in violation of the general principles of international law and international judicial practices. Any ruling made by the arbitral tribunal under Manila's arbitration request will directly or indirectly make a judgment on the ownership of relevant islands and reefs in the South China Sea, thus unavoidably causing de facto maritime demarcation in the sea.

The unilateral arbitration pushed by the Philippines is also in contravention of the agreements it reached with China, and regional agreements that it is the party to such as the Declaration on the Conduct of Parties in the South China Sea.

Any ruling made by the court in The Hague, which is beyond the scope of its jurisdiction, will only add to the escalation of tensions in the South China Sea rather than calm disputes. It will also harm efforts to resolve disputes through talks and the implementation of confidence-building measures, thus making the South China Sea issue more difficult to resolve.

With its forced arbitration case, the Philippines is attempting to repudiate China's territorial sovereignty and maritime rights in the South China Sea, cover up its illegal occupation of some islands and reefs in the sea that belong to China, and smear China's international image. China will not budge from its stance that it will neither agree to talks on the South China Sea issue based on so-called international arbitration nor accept any subsequent appeals or proposals.

本文原刊于《中国日报》2016年6月7日，第9版

US Should Support Beijing and Manila Normalizing Ties

Philippine President Rodrigo Duterte's four-day state visit to China, scheduled to start on Tuesday, has drawn extensive attention from the international community since it was made public.

Duterte's government has made clear its priority is to improve domestic economic conditions and people's livelihoods, and it wants to take advantage of Beijing's Belt and Road Initiative to help realize these aims.

Duterte also wants to break the diplomatic impasse with China over the South China Sea created by former Philippine president Benigno Aquino III. From Jan.22, 2013 when the Aquino government unilaterally filed a case to an international tribunal on the Philippines' territorial dispute with China in the South China Sea to July 12 when the tribunal ruled on the case—which was actually beyond its jurisdiction—the Chinese government consistently made clear its "non-acceptance, non-participation and non-recognition" of the arbitration, which means the Philippines has not been able to gain substantial benefits from the arbitration.

At the same time, the signing of a joint statement between the foreign ministers of China and the Association of Southeast Asian Nations on July 25 aimed at fully fulfilling the Declaration on the Conduct of Parties in the South China Sea, along with the guideline on setting up a high-level hotline for maritime emergencies and the joint statement on rules in the event of accidental encounters in the South China Sea, passed by China and the bloc at a summit on Sept.7, also made the new Philippine government aware that the South China Sea issue is not the full picture of ASEAN's ties with China. Any obstinate confrontation with China, it believes, might cause the Philippines to lose some opportunities it might otherwise take advantage of, including China's booming outward investment.

Also, faced with changed international circumstances, the new Philippine government does not solely want to depend on the United States. So, it is no surprise that the Philippines has attempted to review its agreement signed with the US on strengthened defense cooperation and even demanded US troops withdraw from its territory. The words and actions of Duterte since being elected president indicate that the new government seems to be reconsidering the Philippines' previous diplomatic dependence on the US. However, the feasibility of this diplomatic approach remains to be seen. Prior to the establishment of a new government, the US will unlikely make a forcible response to the Philippines' policy change, theoretically leaving space for Manila to adjust its previous pro-US diplomatic policy.

Meanwhile, despite their divergences over the South China Sea, China and the US still engage in extensive cooperation, from UN peacekeeping missions and fighting terrorism to efforts to curb the proliferation of nuclear weapons and mitigate the effects of climate change, not to mention their economic collaboration and people-to-people exchanges. In particular, the two countries have maintained unblocked dialogue channels and strengthened security and maritime cooperation, such as a memorandum of understanding on mutually reporting their significant military actions and a MOU on how they behave at time of maritime and air encounters, both passed in November 2014. At the G20 Hangzhou Summit in early September, Beijing and Washington also reached consensuses on such issues as the establishment of a new pattern of big country relations, strengthening coastal guard and maritime cooperation and enhancing their interactions and security cooperation in the Asia-Pacific region.

The Philippines has also shown its intention to strengthen ties with Japan in an attempt to strike a diplomatic balance and acquire more interests. Japan's unconcealed attempt to contain China's further development also leaves more space for Manila to pursue closer political, diplomatic, security and economic ties with Tokyo.

Duterte's visit to China does not constitute a part of the alleged struggle between Beijing and Washington for Manila. A better China-Philippine relationship is essentially beneficial to the whole Asia-Pacific region. For the sake of regional peace and stability, the US should support Beijing and Manila normalizing their ties.

本文原刊于《中国日报》2016年10月17日，第9版

美军舰擅闯我国南海管辖海域的四个严重后果

2016年10月21日,美国"迪凯特"号驱逐舰擅自进入我国西沙领海,实施所谓的"航行自由行动",侵犯和危害我国在南海诸岛的主权及管辖海域安全,挑战中国法律权威,遭到中国政府的强力谴责及坚决反对。这是南海仲裁案所谓的最终裁决公布后美国军舰在南海进行的又一次破坏南海稳定和秩序的挑衅行为,严重损害中美关系,体现了美国在南海问题上遏制中国的立场及其霸权,具有严重的非法性。

对此,中国政府依然坚持政策立场,并予以及时阻止和驱离,体现了我国克制和和平解决的意愿及一贯做法。例如,国防部发言人吴谦在发表谈话时指出,在1996年5月《中华人民共和国政府关于中华人民共和国领海基线的声明》中明确宣布了西沙群岛的领海基线;美方在对此完全清楚的情况下,派军舰擅自进入中国领海,是严重的违法行为,也是有意的挑衅行为,中国国防部对此表示坚决反对并向美方提出严正交涉;中国海军"广州"号导弹驱逐舰和"洛阳"号导弹护卫舰当即行动,对美舰进行识别查证,并予以警告驱离。

同时,我国外交部发言人华春莹就美国军舰擅自进入中国西沙领海一事答记者问时指出,根据《中国领海及毗连区法》(1992年2月25日)和相关国际法规定,外国军舰进入中国领海须经中国政府批准;美国军舰在未经中方批准的情况下擅自进入中国领海，严重侵犯中国主权和安全利益，严重违反中国相关法律和国际法，破坏有关海域的和平、安全和良好秩序，我们对此坚决反对并予以强烈谴责；中国海军舰机在现场第一时间采取了应对行动，对美军舰予以警告驱离。

尽管如此，美国军舰及飞机今后依然会在其认为合适的时间，以其认为合适的方式赴南海诸岛我国的管辖海空实施所谓的航行和飞越自由行动，以体现其维护南海秩序的意志和决心，承担和捍卫同盟国利益的防卫责任，影响菲律宾等国家改善双边关系、搁置南海争议的行为和效果，为美国持续实施"亚太再平衡战略"、实施军事行动和联合军事演习等找到理由和借口。

美国这种持续非法进入我国南海诸岛管辖海域的行为，将带来严重的不利影响和后果，主要表现在以下方面：

第一，严重损害我国南海诸岛管辖海域安全，挑战我国相关海洋法律和规章的权威。尽管在管辖海域（显性的、隐性的管辖海域）实施所谓的"航行自由活动"，在国际社会和国家实践中存在不同的认识，所谓的"自由使用论"和"事先许可论"之间存在分歧，但《联合国海洋法公约》中已成为习惯国际法的领海制度内的军舰的航行自由活动，最低程度应遵守沿海国领海的法律和规章，这是毫无异议的。

第二，美国军舰擅自进入我国南海诸岛管辖海域的"航行自由活动"，损害中美两国达成的相关谅解备忘录的效果。经过中美两国军事部门的共同努力，2015年两国军事部门已签署了《重大军事行动相互通报机制谅解备忘录》和《海空安全行为准则谅解备忘录》以及后续附件协议。美国这种擅自进入我国南海诸岛管辖海域的"航行自由活动"，严重背离上述文件精神，也违反中美首脑在二十国集团领导人杭州峰会(2016年9月)上达成的共识，即双方重申积极严格落实两国国防部签署的上述备忘录共识，严重影响两国关系发展进程并损害两国政治互信，影响两国后续实施上述谅解备忘录的效果。

第三，美国在南海海域实施的所谓"航行自由活动"，损害中国与东盟国家之间达成的共识和双边意愿。中国与东盟国家外长于2016年7月25日已就处理南海问题达成了《关于全面有效落实〈南海各方行为宣言〉的联合声明》。在2016年9月7—8日举行的东亚合作领导人系列会议达成了两个文件（《中国与东盟国家应对紧急事态外交高官热线平台指导方针》和《中国与东盟国家关于在南海适用<海上意外相遇规则>的联合声明》）。如果美国军舰的这种"航行自由"活动继续擅自进行，不仅损害上述文件的执行及效果，也影响中国与东盟国家之间的双边关系改善的努力，使南海问题争议继续延续和扩大甚至复杂化。这充分暴露了美国对南海问题的政策立场，即其不希望南海安宁，希望南海继续争议，以实现其包括实施航行自由在内的利益目标。所以，说美国是南海问题争议的搅局者和麻烦制造者，实在一点也不为过。

第四，美国军舰的这种违法行为，破坏中菲关系改善的努力效果，为南海问题争议的"软着陆"带来变数及不可预见性。

美国军舰的这种违法行为，对2016年10月20日国家主席习近平与菲律宾总统杜特尔特举行会谈时双方达成努力构筑"和平与发展的战略性合作关系"的共识带来损害；也影响双方以"四点建议"（双方要加强政治互信，双方要开展务实合作，双方要推动民间往来，双方要加强地区和多边事务合作）为基础达成的13个双边文件的执行效果，包括菲律宾受多种因素制约，使中国与东盟国家包括菲律宾对南海问题的解决持续采取"双轨思路"政策带来不可预见性；也对中菲互利合作实现共同发展的意愿增加不确定性。

总之，美国军舰持续在我国南海诸岛管辖海域实施的所谓航行及飞越自由行为，不利于中美关系的发展，不利于南海的和平与安宁，不利于中国与东盟国家关系的改善，为此，美国应切实遵守中美两国已达成的共识内容，以开放包容的态度应对和处理包括南海问题在内的国际问题；否则，南海区域乃至世界的和平与安宁无法确保，中国在南海诸岛的建设进程和防卫力量的部署以及海洋法制的完善也不会停止，而这种中美呈现的竞争态势不符合国际社会的利益，也有违世界发展的潮流和趋势。由此带来的不利影响及后果，美国应承担完全的责任。

本文原刊文汇新媒体，2016年10月22日，
http://wenhui.whb.cn/zhuzhan/redian/20161022/47407.html

中美关系与海洋争议的关联性

在《中美联合公报》（又称《中美上海公报》，1972年2月28日）发表45周年之际，如何依据其规范的原则和精神，缓和中美两国之间存在的海洋争议尤其是南海争议，对于维护和发展中美关系有重要的作用和意义。换言之，海洋争议尤其是南海争议与中美关系的发展进程具有关联性。所以，如何稳妥地构筑和处理中美两国之间针对南海争议的管控和协调措施就特别重要。

一、中美在传统海洋争议上的对立和分歧

一直以来，中美两国针对专属经济区内的军事活动（军事测量活动、谍报侦察活动、联合军事演习）存在争议。争议的焦点为实施这些活动需要事先许可或通知沿海国，还是可以自由使用的对立和分歧。对于专属经济区上空的飞机侦察活动（例如，E-P3飞机在我国南海专属经济区上空的侦察活动），美国认为其属于公海自由中的飞越自由；中国认为，其是非友好行为，它超越了飞越自由，是对权利的滥用，因为其他国家对海洋的利用须考虑沿海国的利益，不能损害沿海国的国防安全，并须被用于和平目的。对于专属经济区内的军事测量活动（例如，美国海军测量船"无瑕"号在我国专属经济区内的测量活动），美国认

为无须事先得到沿海国的同意，其是自由的，因而是合法的；中国则认为，专属经济区内的军事测量活动，必须得到沿海国的同意，否则是非法的。对于专属经济区内的联合军事演习，中国认为其演习的频繁性和目标的针对性，不利于争议问题的解决，应减少联合军事演习的频次，弱化联合军事演习的针对性。

在理论上，专属经济区内的军事活动是一种未被《联合国海洋法公约》明确规范的事项，属于专属经济区制度内未被确定归属的剩余性权利，所以应遵循《联合国海洋法公约》第59条规范的原则予以处置。但由于中美两国对包括这些条款在内的规范理解不一，无法达成共识，从而出现对立的国家实践，为此，针对专属经济区内的军事活动争议，只能通过双边对话协商解决，以达成共识并共同管理，以实现安定的海洋秩序。

二、中美针对军舰在领海内的无害通过的对立的显现

随着南海仲裁案的提起及仲裁庭执意推进仲裁程序，国际社会包括美国与中国之间存在的关于领海内军舰的无害通过制度的对立明显化。即美国先后派遣军舰进入中国西沙领海进行所谓的无害通过活动，引发中国政府的强烈抗议，因为未经中国政府许可或事先通知在中国领海进行的上述活动，不仅严重损害中国领海安全，而且违反《中国领海及毗连区法》第6条的规定，这种严重的挑衅行为，自然遭到我国包括外交部、国防部在内的强力谴责和抵抗。

尽管针对军舰在他国领海内的无害通过行为，国际社会存在事先同意论或事先通知论和自由使用论的对立，但国际社会形成的规范性共识是最低限度应遵守沿海国的关于领海的法律和规章，这是没有疑义的。

因为,《联合国海洋法公约》第21条规定,沿海国可依本公约规定和其他国际法规则,对下列各项或任何一项制度适用关于无害通过领海的法律和规章,包括航行安全及海上交通管理,养护海洋生物资源,保全沿海国的环境,海洋科学研究和水文测量等。对于未听劝告执意继续依自由使用论实施无害通过的外国军舰,中国有关主管机关有权令其立即离开领海,对所造成的损失或损害,船旗国应当负国际责任。同时,依据《联合国海洋法公约》第22条第1款的规定,沿海国考虑到航行安全认为必要时,可要求行使无害通过其领海权利的外国船舶使用其为管制船舶通过而指定或规定的海道和分道通航制。此外,《联合国海洋法公约》第25条规定,沿海国可在其领海内采取必要的步骤以防止非无害的通过,例如为保护国家安全包括武器演习在内而有必要,沿海国可在对外国船舶之间在形式上或事实上不加歧视的条件下,在其领海的特定区域内暂时停止外国船舶的无害通过。换言之,对于他国未经中国政府批准的军舰在领海内的无害通过行为,沿海国的中国可行使上述权利和措施,以确保国家在领海内的安全和保护权。从这个意义上说,我国进一步完善领海相关法律和法规就特别重要。

三、美国军舰在南沙岛礁领海实施航行自由活动的违法性

在南海仲裁案中,还有一个明显的违法现象是,美国军舰未经中国政府的批准在南沙岛礁的周边海域或12海里(中国外交部和国防部称其为附近海域或近岸水域)内实施所谓的"航行自由行动"。这种所谓的航行自由活动极易造成安全事故,威胁和损害岛礁人员安全,也是一种应该谴责的挑衅行动,严重损害中国在南海岛礁的权益。

众所周知,在海洋法特别在《联合国海洋法公约》体系中,将海域

划成了具有不同法律性质和地位的海域（例如，领海，毗连区，群岛水域，专属经济区和大陆架，公海，国际海底区域等），并对沿海国和其他国家在这些海域规定了相应的权利和义务。一般而言，沿海国对这些海域的管辖权随着与海岸距离的增加而递减。而在这些海域中，存在需要国家宣布的海域（例如领海、专属经济区和群岛水域），需要国际机构审核或许可的海域（200海里外大陆架和国际海底区域的矿区），以及不需要国家宣布的海域（例如大陆架）和沿海国潜在具有管辖权的海域四种类型的海域。

美国军舰擅自进入中国南海尤其是南沙岛礁12海里海域的性质，就是我国潜在的管辖海域（领海），只是由于各种原因中国迄今没有宣布其领海的基点和基线，但中国对其12海里范围内的海域具有管辖权。因为《中国政府关于领海的声明》（1958年9月4日）第1条宣布：中国的领海宽度是12海里，其适用于中国的一切领土，包括中国大陆及其沿海岛屿，和同大陆及其沿海岛屿隔有公海的台湾及其周围各岛、澎湖列岛、东沙群岛、西沙群岛、中沙群岛、南沙群岛以及其他属于中国的岛屿。其第3条规定，一切外国飞机和军用船舶，未经中国政府的许可，不得进入中国的领海和领海上空；任何外国船舶在中国领海航行，必须遵守中国政府的有关法令。所以，美国军舰擅自进入南沙岛礁12海里，也应属于中国管辖范围内的海域，受中国国内法的规制和约束，中国政府对其具有管辖权。

四、结语

不可否认，美国军舰并不会因为中国政府的强烈反对和抵抗，而减少在南海的"航行自由活动"和无害通过行为，这是由美国试图继续推行和主导亚太霸权,履行所谓同盟体系义务,以及制裁沿岸国要求"过分的海洋权利"等决定的,所以中美两国针对海洋争议的对抗将是长期的。对于中美两国之间存在的海洋争议,应在和平共处五项原则的基础上,利用和平方法予以解决,遵循禁止使用武力或威胁使用武力原则,反对霸权等,这是包括《中美联合公报》、《联合国宪章》、《联合国海洋法公约》等在内的国际条约和文件所要求的。因此,中美两国加强沟通,严格履行中美两国军事部门于2015年缔结的《重大军事行动相互通报机制谅解备忘录》和《海空相遇安全行为准则谅解备忘录》以及后续附加议定书所规范的内容,则是两国消弭海洋争议的唯一途径和方法。而对于海洋航行自由活动,应以中美两国为主导运用现有机制继续就海洋航行自由安全包括南海航行自由活动展开对话和协商,并借用国际社会已有共识和原则(例如,日本海洋政策研究财团主导的于2005年9月通过的《专属经济区海域航行与上空飞越的行动指针》,2013年10月制定的《亚太专属经济区内互信和安全构筑原则》)达成适度的谅解和部分共识,这无疑是消弭海洋争议并影响中美关系的有效步骤和方法。

本文原刊于上观新闻,2017年2月28日

习特会前看南海，中美能否携手维护亚太和平？

中美两国元首在美国佛罗里达州海湖庄园的会晤及成果，不仅对中美关系的定位及发展进程有重要的价值，而且对南海问题的妥善处理也有重要的意义。

一直以来，美国针对南海问题的基本立场可概述为："主权中立，和平解决，航行自由。"即美国主张，对于南海诸岛的领土主权争议问题由相关国家依据国际法通过和平方法解决，反对使用或威胁使用武力包括单方面以力量改变现状，而南海区域的航行和飞越自由必须确保。即使美国新政府对南海问题的基本立场也不会改变，只是在力量运用的方式和合作的侧重点上有所差异，核心是保障包括南海在内的海洋航行和飞越自由，维护海洋安全，确保美国的核心利益。

对此，中美两国之间的分歧主要表现在对和平方法的运用方式及对航行和飞越自由的对立上。

一、和平解决争端原则已成为强行法

依据《联合国宪章》第2条，国家间的争端应遵守和平解决争端的原则，禁止使用或威胁使用武力，且它们是强行法原则，所有国家必须遵循这些原则和履行义务。而在遵循利用和平方法解决争端的原则时，所运用的具体的解决方法规定在《联合国宪章》第33条第1款，这些原则和解决方法得到《联合国海洋法公约》第279条和《南海各方行为宣言》第4条、第7条的确认。例如，《联合国宪章》第33条第1款规定，任何争端之当事国，于争端之继续存在足以危及国际和平与安全之维护时，应尽先以谈判、调查、调停、和解、公断、司法解决、区域机关或区域办法之利用，或各该国自行选择之其他和平方法，求得解决。对于此规定，包含以下内容：第一，当事国之间的争端概念。第二，和平方法解决争端的顺序。第三，尊重各国自主选择的和平方法解决争端的原则。同时，对于国际争端是否危及国际和平与安全的判定是由联合国安理会决定的，而不是个别国家做出的。例如，《联合国宪章》第39条规定，安全理事会应断定任何和平之威胁、和平之破坏或侵略行为之是否存在，并应作成建议或抉择依第41条及第42条规定之办法，以维持或恢复国际和平及安全。这是由安全理事会的职权决定的，因为《联合国宪章》第24条第1款规定，各会员国将维持国际和平及安全之主要责任，授予安全理事会，并同意安全理事会于履行此职责时，即系代表各会员国。当然，依据《联合国宪章》第11条第3款的规定，联合国大会对于足以危及国际和平与安全之情势，得提请安全理事会注意。此外，联合国安理会做出的决议对各会员国具有拘束力，必须履行（例如，《联合国宪章》第25条）。

二、国际争端的本质及解决方法的运用

一般而言，国际争端包括政治性质的争端和法律性质的争端两种类型。在和平解决争端的方法中，分为政治方法（外交方法）和法律方法（司法和仲裁）两种。原则上，政治性质的争端由政治方法（如谈判、调查、调停、和解和公断）解决，法律性质的争端由法律方法解决（例

如，《国际法院规约》第36条第2款）。在解决争端运用和平方法的顺序上，一般先用政治方法，再用法律方法。而在由政治方法向法律方法转换时，则取决于国家之间的同意；如果相关方不存在同意或特别协议，则提交法律方法解决的一方具有举证责任，即其须证明已经用尽了协议解决的政治方法，且利用这种方法可以遇见无法解决它们之间的争端。此外，运用上述规定的方法的例外是，争端当事国可通过双边协议或特别协议或区域性协议规定自行选择的方法解决争端，它们具有优先性。这是由国际社会的国家主权平等原则决定的，以不损害国家的领土完整和政治独立。

对于国际争端，尽管在国际法文件中未规定国际争端的概念，但从国际司法实践可以看出，所谓的国际争端，是指国家之间在法律或事实论点上的不一致，在法律主张或利害上的冲突及对立。即国际争端是针对特定主题，两者间互相对抗的主张出现明显化的状况。同时，国际争端是由客观事实确定的，不依赖于当事者是否承认。

所谓法律性质的争端（即法律争端），一般是指，与其说是否存在国际法规范解决争端，不如说以当事方均根据国际法发生的争端为标准更为妥切。国际法院将争端分为法律争端和非法律争端，且其只接受法律争端的目的，并不单是国际法院适用国际法判定或判决争端，而是以当事方互相从法律观点出发提交国际法院处理争端为目的的，其也符合各方的真实意图。国际法院将非法律争端排除管辖的原因，主要在于国际法院并不具有如国内法院那样的强制性管辖权；国际法内容常与现实缺乏协调性，并具有固定的性质。国际社会缺乏如国内那样的立法机关，而为变更国际法的内容，一般需要相关国家的同意，所以，其内容即使与现实相脱离，要想将其变更为与现实相协调的内容，并不是一件容易的事，由此就出现了国际法内容与现实相背离的境况。所以，国际法院就将要求不利用国际法解决争端的事项除外，只接受和处理当事方均从法律观点出发引发的争端，从而出现了国际法院将非法律争端排除在外的情况。而国际法院在裁判争端时，依据《国际法院规约》第38条的规定，所适用的国际法包括以下方面：普通或特别国际条约，国际习惯，一般法律原则，作为确定法律原则之补助资料的司法判例及各国权威最高之公法学家学说，以及当事国同意的"公允及善良"原则。

三、南海仲裁案的定性及效果

在此应指出的是，对于南海仲裁案来说，中国认为中菲两国之间未用尽双边协议或区域性协议中规定的政治方法，且没有履行谈判就争端解决须交换意见的义务，菲方所提出的已用尽谈判及充分地交换了意见证据无法让中方信服；同时，中国政府认为，菲方所提仲裁事项本质上属于中国在2006年8月25日向联合国秘书长提交的排除性声明事项，不适用强制性仲裁程序，仲裁庭无管辖权，所以仲裁庭在事实认定和法律适用方面存在的错误，及对仲裁事项做出扩大裁定并在法律解释上扩大自身权限的岛屿制度新立法等方面做出的裁决，中方自然不予承认，也不会执行，对中国无拘束力。因为仲裁庭根本无法实现仲裁机构的基本功能，即解决争议的功能，解释或适用法律的功能，以及促进国际法秩序的功能，相反使南海争议更为复杂，解决更为困难，并使《联合国海洋法公约》面临挑战。

为此，中国依法对南海仲裁案的政策立场"不接受、不参与、不承认"，恰恰是维护了国际法，对于进一步修正和完善《联合国海洋法公约》体系的制度包括争端解决机制、岛屿制度的再思考等具有重大推动作用，值得坚持。

四、美国海洋航行和飞越自由政策的缘由

其实,美国所追求的航行和飞越自由,何尝不是中国所追求的核心利益。因为中国的原材料和商品进出口,均依赖于海洋航行和飞越自由的确保。所以,中美两国在海洋的航行和飞越自由方面存在共同的利益,是可以合作的重要领域。

一般认为,美国关于海洋航行自由的政策起源于《杜鲁门公告》(1945年9月28日)。其指出,大陆架上的水域作为公海的性质以及公海自由和无碍航行的权利不受任何影响。而南海航行自由的政策,主要体现在1995年5月10日美国政府发表的《关于南沙群岛和南中国海的政策声明》,2012年8月3日美国政府《关于南海问题的声明》,以及2014年12月5日美国国务院发表的《海洋界限:中国在南海的海洋主张》等文件中。从这些文件内容可以看出,美国高度关注在南海的航行自由,并认为确保南海航行自由是美国的核心利益。

众所周知,中美两国在海洋航行自由上的对立,主要体现为军舰在领海内的无害通过制度以及在专属经济区内军事活动的对立和分歧上,因为《联合国海洋法公约》对这些活动或行为并未做出明确的规定,所以存在不同的解释和对立的国家实践。这些行为或活动的争议焦点在于其是需要事先通知或事先许可,还是可以自由使用,即"自由使用论"与"事先同意论"之间的对立和分歧。

同时,即使从《联合国海洋法公约》海洋和平利用、海洋科学研究等角度予以分析,也不能得出一致的意见并达成共识,所以只能通过双边对话协商予以解决,遵守两国已达成的共识(例如,2015年中美两国军事部门达成的《重大军事行动相互通报机制谅解备忘录》、《海空相遇安全行为准则谅解备忘录》以及后续附件),并结合国际社会已有的

相关制度（例如，2005年9月，《专属经济区水域航行与上空飞越的行动指针》；2013年10月，《亚太专属经济区内互信和安全构筑原则》）为基础，为进一步丰富和发展《联合国海洋法公约》相关制度、弥补其缺陷予以合作并做出努力。这是中美可以合作的领域，也是可以发挥作用的领域，更是国际社会的共同期盼。

五、余言

值得肯定的是，迄今中美两国之间已存在多个交流磋商机制，例如，在二十国集团领导人杭州峰会上，中美两国在多个领域达成了多项共识，特别体现在新型大国关系、两军关系、海警合作和海洋合作等方面。所以，美国新政府如何延续运用上届政府的机制成果，加强中美多领域的合作交流，是必须考虑和实施的重要方面。

对此，中方持开放合作的态度，以尽力维护亚太安全秩序包括海洋秩序，并为亚太地区的和平、稳定和繁荣做出贡献。如果美国新政府的亚太安全政策包括海洋安全政策，试图采用军事力量并通过强化与同盟国之间的安保政策包括武器装备援助、增加军事演习等，继续强力挑战中国在亚太尤其在南海的核心利益和重大关切，则中国将有力还击，亚太和平与发展的愿景将受到严重损害。因为地区乃至世界重要敏感事务的延缓和处置如果没有中美两国的积极合作和协商参与，将很难得到解决。换言之，中美开展全面而系统的合作，不仅是两国政府的责任，更是时代的呼声和国际关系的现实要求。

本文原刊于文汇新媒体，2017年4月6日

南海仲裁案评析

菲律宾南海仲裁案的裁决预测、消极影响及应对策略

针对菲律宾单方面提起的南海仲裁案,海牙常设仲裁法院已于2015年10月29日做出了"关于管辖权和可受理性问题的裁决"的中期裁决,预计其将在2016年5—6月做出最终裁决。为此,有必要预测常设仲裁法院的最终裁决结果,以及其对我国在南海权益的消极影响,以利于我国采取相应的应对策略,减少损害和损失。

一、常设仲裁法院的最终裁决结果预测

从常设仲裁法院的中期裁决内容可以看出,仲裁庭基本否定了我国于2014年12月7日发布的《中国关于菲律宾所提南海仲裁案管辖权问题的立场文件》中提出的双方争端实质上为仲裁庭管辖权以外的南海岛礁主权争端的观点,也不接受我方提出的双方争端实质上被我国于2006年8月25日声明排除于仲裁管辖权以外的海域划界问题的观点,又否定了菲律宾与我方通过双边和多边文件已就解决南海争议排除司法或仲裁的立场,致使中期裁决对我方严重不利。为此,预计常设仲裁法院的最终裁决,有以下三种可能的方案:

第一,全部支持菲方提起的15项诉求。在15项诉求中,包含三大类

型：(1) 中国在《联合国海洋法公约》规定的权利范围之外，对"九段线"（即中国南海断续线）内的水域、海床和底土所主张的"历史性权利"与《公约》不符。(2) 中国依据南海若干岛礁、低潮高地和水下地物提出的200海里甚至更多权利主张与《公约》不符。(3) 中国在南海所主张和行使的权利非法干涉菲律宾基于《公约》所享有和行使的主权权利、管辖权以及航行权利和自由。

常设仲裁法院的最终裁决采用这种方案的可能性不大。因为，南海问题的裁决并不仅依据《公约》，尤其在"历史性权利"的认定和作用方面应适用一般国际法。

第二，支持菲方提起的大部分诉求。常设仲裁法院的最终裁决支持15项诉求中的大部分诉求，即支持15项诉求中的第 (2)、第(3) 种类型的诉求。

第三，支持菲方提起的小部分诉求。常设仲裁法院的最终裁决仅支持第（2）种类型的诉求，即认定中国占据的南海岛礁属于岩礁、低潮高地，无法主张200海里的专属经济区和大陆架。

常设仲裁法院的最终裁决采用第二、第三种方案的可能性较大。即使如此，常设仲裁法院已极大地扩张了自身的职权，目的是提升其影响力和权威性。因为迄今为止，国际法院（乌克兰诉罗马尼亚案的黑海海域划界案，2009年2月）和国际海洋法法庭均放弃和回避了对《公约》岛屿制度第121条第3款做出解释的机会。

二、常设仲裁法院最终裁决的消极影响

如果常设仲裁法院做出第一种方案的最终裁决，则将严重减损我国在南海的海洋权益，尤其是我国依据历史性权利主张在南海的海洋权

利；也无法依据我方所占南海岛礁主张更多的海域面积，包括无法主张它们的专属经济区和大陆架，相应地影响我国在这些南海岛礁周边海域的执法和管理活动。

如果常设仲裁法院做出第二种方案的最终裁决，则在根本上无法动摇我国依据历史性权利在南海海域主张的权利（主权权利和管辖权），但将减损我国依据所占南海岛礁主张的海域范围，包括损失相应的专属经济区和大陆架海域范围，并无法在所占南海岛礁的周边海域实施执法和管理活动。

如果常设仲裁法院做出第三种方案的最终裁决，则我国将无法依据所占南海岛礁主张专属经济区和大陆架，使得我国在南海断续线内的管辖水域面积大为缩小，也将削弱我国所占的低潮高地和水下地物的作用。

值得注意的是，不论常设仲裁法院做出何种方案的最终裁决，均将影响我方占据南海岛礁周边海域的管辖权和管理范围，增加他国以"航行自由"为借口的有害活动，包括以美国为首的国家将更多地派遣自国或联合他国的舰艇和飞机频繁地干涉、威慑南海海域的事件（巡航活动、联合演习等）将增加和增强，进而使我方处于被动的态势。因为我方还未对新近完成陆域吹填的南沙岛礁宣布领海基点和基线，无法明确和界定南沙岛礁的性质和地位，致使应对行动有所限制。同时，这些裁决方案也影响我方在南沙岛礁进行岛礁扩建行为的合法性，因为它们将认定其位于所谓的菲律宾的专属经济区范围内。

此外，常设仲裁法院的中期裁决否定中菲两国签署的系列双边文件以及双方参与的多边文件等争议解决方法的作用，也不利于我方试图继续通过联合声明、共同宣言等模式优先采取政治方法或外交方法解决南海争议的努力和动力。

三、我国应对南海仲裁案最终裁决的若干对策

总体看，南海安全情势仍是可控的，包括美国声称的南海航行自由依然是稳定的、安全的，也是有保障的。但鉴于南海问题的处理和应对是使我国成为区域性海洋大国的标志性问题，合理有序地稳定南海区域安全秩序仍是考验我国的重要事项。为此，针对南海仲裁案我国可采取以下政策和措施，主要为：

第一，依然坚持"不参与、不接受"的政策立场。针对南海仲裁案，我国政府采取了"不参与、不接受"的政策立场，这是根据我国长期以来的海洋政策，依据国际法包括《公约》做出的合情、合理和合法的决定，应该继续坚持，不可动摇。

第二，有序持续地发表南海问题的系列性立场文件和学术论文。为避免我国"不参与"南海仲裁案的缺陷，我国应就南海问题特别应按仲裁庭裁决的进程，针对仲裁事项包括管辖权、可受理性问题以及实体问题等，有组织地发表系列性的后续立场文件和学术论文（包括尽快组织外国专家学者为我服务、发表观点等），以充分阐释我国政府和学者对南海问题的主张和态度，包括批驳仲裁庭的裁决内容等。同时，发表我国的南海政策、批驳仲裁庭裁决的系列性立场文件和学术论文，也有延滞常设仲裁法院做出最终裁决的作用和效果。此外，通过外交层面做仲裁员所属国（例如，加纳、法国、波兰和荷兰）的工作，使其设法做出有利于我方或模糊的决定，也是可以考虑和利用的重要途径。

第三，重申南沙岛礁的海洋地质地貌并公布相关数据以备后用。由于我国已在南沙岛礁进行了部分岛礁建设，尤其是陆域吹填工程已基本结束，所以应就最新的南沙岛礁的海洋地质地貌进行重新调查并公布相关数据，以明确南沙岛礁建设后的成果，并为今后公布南沙岛礁领海

基点基线、判定"低潮高地"，划设南沙部分防空识别区以及在南沙岛礁部分地适用群岛水域制度提供服务和保障。同时，应根据南海安全情势实况及发展趋势，加强对南沙岛礁的控制，包括创建公共服务功能平台、建设合适的防御实施和军事力量部署等。

第四，加强与他国的沟通和协调合作，维护南海的航行自由与安全。尽管美国是南海问题的域外国家，但其声称的南海航行自由与安全议题具有极大的蛊惑性和欺骗性，也是其继续关注的"重要事项"及插手南海事务的借口。所以，中美两国可就南海航行自由与安全问题展开进一步的对话与协商，以便就航行自由与安全问题达成共识，供各国参照执行。同时，为维护南海的和平与安全，继续与东盟国家就"南海行为准则"进行磋商也不可忽视，重要的是尽早提炼、实施并取得阶段性的成果，以体现中国和东盟国家可以维护南海区域和平与安全的能力及水平，避免外界更多干扰。

第五，推进海上丝路建设，努力弱化仲裁带来的损害。由于我国采取了"不接受"仲裁庭裁决的政策，所以仲裁庭的最终裁决无法动摇我国在南海的权益，亦无法解决中菲两国间存在的领土主权和海域划界争议，但对于我国依据历史性权利的南海断续线的主张，则会有所削弱，并对执法活动的范围和效果带来不利影响。而为弱化仲裁庭最终裁决对我国带来的不利影响和损害，我国应进一步加快21世纪海上丝绸之路建设步伐，重点应与东盟的友好国家推进合作项目、加快南海问题磋商进程并取得实效，以树立典范的作用，进而采取多种措施引导菲律宾政府采取政策放弃仲裁庭裁决的权利，为中菲合作创造条件。因为美国曾于1985年1月宣布退出诉讼，不参与"尼加拉瓜诉美国案"的实体问题审理程序，致使在美国缺席的情况下，国际法院于1986年6月做出了美国败诉的最终判决。此后，经过美国多届政府的努力以及做尼加拉瓜政府的工作，尼加拉瓜新政府于1991年通知国际法院，同意放弃判决的权利，挽回了国际法院判决对美国的消极影响。我国可仿效美国的做法，尽力采取措施争取与菲律宾达成和解，削弱仲裁庭最终裁决带来的消极影响和后果，以便进一步发展中菲关系。

第六，加快完善我国海洋事务体制机制建设步伐。迄今，我国已基本构筑了完整的海洋事务体制机制（设立了中央海权工作领导小组及其办公室、国家海洋委员会及其办公室，重组了国家海洋局并设立了中国海警局等），但它们的具体职权和职能并没有进一步地细化和整合。为有序主导和统领诸如南海仲裁案那样的重大海洋问题，有必要加快完善我国海洋体制机制建设步伐，包括通过制定具体的法律（如海洋法）明确各相关主体的任务和职权，为我国实现海洋强国战略、推进21世纪海上丝绸之路建设提供保障和决定性力量。这是不容忽视并应抓紧整合和完善的重要方面。

四、结语

南海仲裁案关系我国在南海的海洋权益的维护和保障，也关系我国区域性海洋大国地位的确立，所以，必须高度重视南海仲裁案的影响，必须有序组织力量加快研究并予以批驳，特别应确立主管部门和重点研究机构，以确保具体任务的完成和应对的有序性、决定性及权威性。换言之，我方应以南海仲裁案为契机，整合国内外机构和学术力量，为推进我国海洋事业发展包括海洋体制机制的完善、海洋研究水平的提升等发挥积极的作用，做出有益的贡献而持续地努力。

2016年4月12日

南海仲裁案的由来及中国政府的立场

中国政府针对南海仲裁案的立场可概述为:"不接受、不参与"、"不承认和不执行"。前者为中国不接受菲律宾单方面提起的强制仲裁,不参与仲裁庭的一切正式活动;后者为中国不承认仲裁庭做出的任何越权裁决,也不执行仲裁庭的最终裁决。它们不仅具有关联性,而且具有整体性,中国不会改变对此的政策和立场。中国对南海仲裁案的上述政策与立场不仅是一贯的,而且有充分的国际法依据。

一、南海仲裁案的由来与发展

2013年1月22日,菲律宾共和国外交部照会中华人民共和国驻菲律宾大使馆称,菲律宾依据1982年《联合国海洋法公约》第287条及其附件七("仲裁")的规定,就中菲有关南海"海洋管辖权"的争端递交仲裁通知,提起强制仲裁。2013年2月19日,中国政府退回菲律宾政府的照会及所附仲裁通知。中国政府多次并郑重声明,中国"不接受、不参与"菲律宾提起的强制仲裁案。

2013年5月27日,仲裁庭成立;2013年7月12日,仲裁庭正式确认常设仲裁法院为登记机构;2014年3月30日,菲律宾提交诉状;2015年7月7—8日和13日,仲裁庭对管辖权和可受理性问题开庭审理;2015年10月

29日,仲裁庭做出初步裁决;2015年11月24—26日和30日对实体性和其他问题开庭审理;预计仲裁庭将在近期做出最终裁决。

从菲律宾提起南海仲裁案的15项诉求事项看,包括三大类内容。第一,中国在《公约》规定的权利范围之外,对"九段线"(即中国的南海断续线)内的水域、海床和底土所主张的"历史性权利"与《公约》不符。第二,中国依据南海若干岩礁、低潮高地和水下地物提出的200海里甚至更多权利主张与《公约》不符。第三,中国在南海所主张和行使的权利非法干涉菲律宾基于《公约》所享有和行使的主权权利、管辖权以及航行权利和自由。

二、仲裁庭对本案无管辖权

菲律宾提请仲裁事项的实质是南海部分岛礁的领土主权问题,超出《公约》的调整范围,不涉及《公约》的解释或适用,仲裁庭无管辖权。

对于第一类仲裁事项,菲律宾主张的核心是中国在南海的海洋权利主张超出《公约》允许的范围,但依据国际法,只有在确定中国在南海的领土主权后,才能判断中国在南海的海洋权利主张是否超出《公约》允许的范围,因为"陆地统治海洋",且"陆地领土归属是作为确定沿海国海洋权利的出发点"。换言之,如果不确定中国对南海岛礁的领土主权,仲裁庭无法确定中国依据《公约》在南海可以主张的海洋权利范围,更无法判断中国在南海的海洋权利主张是否超出《公约》允许的范围。但领土主权问题并不是《公约》调整的范围,因为《公约》序言规定,缔约国认识到需要通过该公约,在妥为顾及所有国家主权的情形下,为海洋建立一种法律秩序,即"妥为顾及所有国家主权"是适用

《公约》确定缔约国海洋权利的前提。

对于第二类仲裁事项，中国认为，南海部分岛礁的性质和海洋权利问题与主权问题不可分割。如上所述，只有先确定南海岛礁的主权，才能确定基于岛礁的海洋权利主张是否符合《公约》。即只有对相关岛礁拥有主权的国家，才可依据《公约》的专属经济区和大陆架等制度提出海洋权利主张；在确定了领土归属的前提后，如果其他国家对该国的海洋权利主张是否符合《公约》的规定提出质疑或提出了重叠的海洋权利主张，才会产生关于《公约》的解释或适用的争端。所以，如果岛礁的主权归属未定，一国基于岛礁的海洋权利主张是否符合《公约》规定就不能构成一个可以提交仲裁的具体而真实的争端。菲律宾要求仲裁庭先行判断中国的海洋权利主张是否符合《公约》的规定，是本末倒置。因为任何国际司法或仲裁机构在审理有关岛礁争端的案件时，从未在不确定有关岛礁主权归属的情况下适用《公约》的规定先行判定这些岛礁的海洋权利。同时，对于低潮高地能否被据为领土本身也是一个领土主权问题，因为《公约》没有关于低潮高地能否被据为领土的规定，对此的判断应依据一般国际法或习惯国际法。《公约》序言规定，缔约国确认该公约未予规定的事项，应继续以一般国际法的规则和原则为准据。所以，其不是有关《公约》的解释或适用的问题。

对于第三类仲裁事项，中国认为，中国在南沙群岛和黄岩岛附近海域采取行动的合法性是基于中国对这些岛礁拥有主权及相关的海洋权利。菲律宾提起第三类仲裁事项的前提是，菲律宾的海域管辖范围是明确而无争议的，中国的执法活动进入了菲律宾的管辖海域。但迄今中菲两国尚未进行海域划界。所以，在对菲律宾的此类主张进行裁定前，应先确定相关岛礁的领土主权并完成相关海域划界，否则，违背海域划界应以《国际法院规约》第38条所指国际法为基础以及必须"考虑所有相关因素"的原则,直接影响今后中菲海域划界问题的公平解决。同时,中国一贯尊重各国依据国际法在南海享有的航行和飞越自由,且南海的航行和飞越自由从未受到任何损害,相反,南海的航行和飞越自由是安全的、有保障的。

可见,菲律宾要求在不确定南海岛礁主权归属的情况下,先适用《公约》的规定确定中国在南海的海洋权利,并提出一系列仲裁请求,违背了海洋争端所依据的一般国际法原则和国际司法实践。仲裁庭对菲律宾提出的任何仲裁请求做出判定,都将不可避免地直接或间接对南海岛礁的主权归属做出判定,产生实际上海域划界的效果,所以,中国认为,仲裁庭对菲律宾提起的诉求事项没有管辖权。

三、仲裁庭无权受理此案

菲律宾单方面提起的强制仲裁,违反中菲两国间和区域性文件的约定,以及违反提起仲裁的前提条件,仲裁庭无权受理此案件。

中国在涉及领土主权和海洋权益的问题上,一贯坚持由直接有关国家通过谈判的方式和平解决争端。而中菲两国通过友好磋商和谈判解决南海争议在双边和区域性文件中已经做出了规定并达成共识。在中菲两国的双边文件中规定谈判协商解决争议的内容,主要为:1995年8月10日《中华人民共和国和菲律宾共和国关于南海问题和其他领域合作的磋商联合声明》第1点和第8点;1999年3月23日《中菲建立信任措施工作小组会议联合公报》第5段和第12段;2000年5月16日《中华人民共和国政府和菲律宾共和国政府关于21世纪双边合作框架的联合声明》第9点;2001年4月4日《中国—菲律宾第三次建立信任措施专家组会议联合新闻声明》第4点;以及2002年11月4日中国政府代表与东盟十国政府代表共同签署的《南海各方行为宣言》第4条。

上述中菲两国的双边文件在提及以谈判方式解决有关争端时反复使用了"同意"一词,确立两国之间相关义务的意图明显。在《南海各方行为宣言》第4条使用了"承诺"一词,表示给予一个正式的诺言,以约束自己或使自己受到约束,也表示同意、接受谈判解决争端义务。而根据国际法,一项文件无论采用何种名称和形式,只要其为当事方创设了权利和义务,则这种权利和义务就具有拘束力。所以,菲律宾无视上述文件的规定和共识,单方面提起仲裁,违反利用谈判协商解决南海争议的约定,而"约定必须遵守"是国际法的原则,例如,《维也纳条约法公约》第26条规定,凡有效之条约对其各当事国有拘束力,必须由各国善意履行。

同时,菲律宾在提起仲裁案前应履行《公约》多种义务,这些义务规定在《公约》的第280条、第281条、第282条和第283条中,具体为各方有权选择和平方法解决争端,优先用尽协议选择的和平方法、区域性或双边协议规定的程序以及交换意见的义务等。从菲律宾提起仲裁的事项看,它们均不是迄今中菲两国已经谈判协商的事项。因为,中菲对交换意见的有关争端,主要是应对在争议地区出现的突发事件,围绕防止冲突、减少摩擦、稳定局势、促进合作方面的措施。所以,仲裁庭对这些事项具有不可受理性,因为它们不仅不是中菲两国已经谈判协商的事项,也不是中菲两国存在的真实的争议事项,更不是已经用尽上述《公约》义务的事项。

四、仲裁庭的越权裁决对中国无拘束力

仲裁庭做出的初步裁决是越权裁决,对中国无拘束力,中国不会

承认。

2015年10月29日,仲裁庭无视中国政府的一贯立场,无视中国外交部于2014年12月7日发表的《中华人民共和国政府关于菲律宾共和国所提南海仲裁案管辖权问题的立场文件》的内容和观点,于2015年10月29日扩权做出了《菲律宾诉中国有关南海问题管辖权和可受理性问题的裁决》。如上所述,由于仲裁庭对本仲裁案的事项无管辖权和不可受理性,仲裁庭做出的裁决中国政府不予承认,因为仲裁事项的本质是领土主权问题和海域划界问题,属于中国2006年8月25日做出的排除性声明内容,明显超出《公约》的调整范围,不属于《公约》解释或适用的争端,所以,仲裁庭是越权裁决,对中国无拘束力。例如,2015年10月30日,《中华人民共和国外交部关于应菲律宾共和国请求建立的南海仲裁案仲裁庭关于管辖权和可受理性问题裁决的声明》指出,仲裁庭于2015年10月29日就管辖权和可受理性问题做出的裁决是无效的,对中方没有拘束力。

可见,仲裁庭做出的裁决,不但起不到"定分止争"的作用,反而会加剧南海区域的紧张态势,不利于各方利用谈判协商解决争议的努力进程和改善信任措施的实施,使南海问题的解决更为复杂和困难。换言之,菲律宾单方面提起仲裁的做法,不会改变中国对南海诸岛及其附近海域拥有主权的历史和事实,不会动摇中国维护主权和海洋权益的决心和意志,不会影响中国通过直接谈判解决有关争议以及与本地区国家共同维护南海和平稳定的政策和立场。

五、仲裁庭的最终裁决中国不会承认和执行

最后,应该指出的是,菲律宾提起的仲裁诉求实质是领土主权和海域

划界问题，而领土主权不属于《公约》的调整范围，中国于2006年8月依据《公约》第298条的规定做出的排除性声明排除了四类争端（海域划界、历史性海湾或所有权、军事和执法活动以及联合国安理会执行《联合国宪章》所赋予的职务等争端）适用强制解决的程序，此声明构成《公约》的组成部分，应该受到尊重，也符合多数国家的实践。即使菲律宾认为其所提仲裁事项不属于中方2006年8月排除性声明所涵盖的争端，但在中国对此持不同看法的情形下，菲律宾应先行与中国解决该问题，然后才能决定能否提交争端，否则，《公约》第299条的规定就毫无意义，并将严重损害和破坏《公约》的整体性及权威性。所以，菲律宾单方面提起的仲裁，违反和滥用《公约》规定，是非法的、无效的。而仲裁庭无视事实，强行审理和行使管辖，属随意扩权和滥权，对于这种自始就无效的仲裁，中方当然不会接受；仲裁裁决不具有约束力，中国政府也不会执行。

换言之，菲律宾企图通过仲裁案否定中国在南海的领土主权和海洋权益，掩盖其非法侵占中国南沙群岛部分岛礁的事实，抹黑中国的国际形象，激化中菲矛盾，构成对地区和平稳定的严重威胁。无论仲裁案最终结果如何，中方都不会接受和承认裁决，更不会执行。中方不会同意任何国家以此裁决为基础与中方商谈南海问题，也不会接受任何国家、机构和个人以仲裁裁决为基础提出的一切诉求和主张。中国政府的上述政策和立场是一贯的，今后也不会改变。

本文原刊于《新民晚报》2016年6月9日，第B2版

南海仲裁结果为何是"废纸"？只因这是一场违反国际法的闹剧

常设仲裁法院于2016年6月29日宣布，应菲律宾单方面请求建立的"南海仲裁案"临时仲裁庭（以下简称"仲裁庭"）将于2016年7月12日公布南海仲裁案最终裁决。仲裁庭无视中国政府针对菲律宾单方面提起的南海仲裁案的一贯立场和反对态度，强行推进仲裁程序并将做出最终裁决，无论其最终裁决的内容和结果如何，中国政府不予承认，也不会执行。因为它是无效的。

仲裁庭对南海仲裁案做出最终裁决的无效性，具体体现在中国政府的立场上，即"不接受、不参与"，"不承认、不执行"，具有充分的国际法依据，必须予以尊重。

一、南海仲裁案违反"国家同意"原则

菲律宾无视中国政府反对仲裁立场执意推进仲裁，违反仲裁的"国家同意"原则。

自2013年1月22日菲律宾单方面提起南海仲裁案以来，中国政府一贯坚持"不接受、不参与"仲裁的立场并多次重申，包括于2013年2月19日，中国政府退回菲律宾政府的照会及所附仲裁通知，拒绝并反对仲裁；于2014年12月7日发布《中华人民共和国政府关于菲律宾共和国所提南海仲裁案管辖权问题的立场文件》，阐明了中国政府不接受、不参与仲裁的法理依据；2015年10月30日，外交部发布《中华人民共和国外

交部关于应菲律宾共和国请求建立的南海仲裁案仲裁庭关于管辖权和可受理性问题裁决的声明》指出,仲裁庭就管辖权和可受理性问题做出的裁决是无效的,对中国没有拘束力。

所以,菲律宾和仲裁庭无视中国的立场和态度,执意推进并做出裁决,违反仲裁基础的国家同意原则,仲裁庭做出的任何裁决对中国无效。

二、仲裁庭对中菲争端无管辖权

菲律宾提起的仲裁事项并不是《联合国海洋法公约》解释或适用的争端内容,仲裁庭无管辖权。

根据《联合国海洋法公约》第288条的规定,依第287条建立的法院或法庭,对有关《公约》的解释或适用的任何争端应具有管辖权。在此,法庭(仲裁庭)对仲裁事项具有管辖权的要件为两个方面:一是须为关于《公约》的解释或适用的事项;二是双方对此存在真实或同一的争端。

从菲律宾提起的15项仲裁事项看,它们并不是针对《公约》的解释或适用的事项,因为中国政府鉴于各种原因从未明确南海断续线的性质,也没有明确历史性权利的内涵,更没有宣布中国在南沙群岛、中沙群岛内占据的岛礁的法律地位或属性,因而中国在南海主张的海洋权利范围不明。同时,中国在南海的执法活动是否损害其他国家的权利以及是否合法等问题,均与南沙岛礁的领土主权和海域划界问题关联,所以它们都不是《公约》解释或适用的争端事项,仲裁庭对此无管辖权。

三、既无管辖权，仲裁庭自然无权受理此案

菲律宾提起仲裁前既没有用尽双方协议解决的方法，违反"约定必须遵守"的原则，也没有充分履行交换意见的义务，所以仲裁庭无权受理此案件。

尽管菲律宾依据《公约》第287条及其附件七的规定，具有提起仲裁的资格，但菲律宾单方面提起强制仲裁受到多种限制，包括是否用尽了双方协议选择的解决方法（《公约》第281条、第282条），是否充分履行了交换意见的义务（《公约》第283条），仲裁事项是否属于中国已于2006年8月25日做出排除性声明的排除性事项（《公约》第298条）等。

自1995年以来，中菲两国双边文件在提及以谈判方式解决有关争端时反复使用了"同意"一词，确立两国之间相关义务的意图明显；在《南海各方行为宣言》第4条使用了"承诺"一词，表示《宣言》各方给予一个正式的承诺，以约束自己或使自己受到约束，也表示同意、接受谈判解决争端义务。

菲律宾无视上述文件的规定和共识，单方面提起并执意推进仲裁，违反利用协商解决南海争议的约定，而"约定必须遵守"是国际法的原则。例如，《维也纳条约法公约》第26条规定，凡有效之条约对其各当事国有拘束力，必须由各国善意履行。

同时，从菲律宾提起仲裁的事项看，它们均不是迄今中菲两国已经谈判协商的事项。所谓的谈判，是指争端当事国直接通过外交程序努力调整双方主张并寻求解决争议的方法，是解决争议的一般性的原始方法。而中菲通过谈判协商交换意见的有关争端，主要是应对在争议地区出现的突发事件，围绕防止冲突、减少摩擦、稳定局势、促进合作方面的措施。所以仲裁庭对菲律宾提起的仲裁事项具有不可受理性，因为它

们既不是中菲两国已经谈判协商的事项,也不是中菲两国存在的真实的争议事项,更不是已经用尽上述义务的事项。

最后,菲律宾提起的仲裁事项,本质上属于南沙岛礁的领土争议问题或与海域划界问题密切相关,属于中国排除性声明事项,仲裁庭显然对此无管辖权,也无权受理此案件。

四、中国的立场是对《公约》的捍卫

仲裁庭做出的任何裁决,对中国无拘束力,中国政府"不承认、不执行"是捍卫《公约》体系完整性和权威性的正确抉择,必须予以尊重。

仲裁庭于2015年10月29日做出的《关于管辖权和可受理性问题的裁决》,其内容包括割裂海洋权利与领土主权之间的关系,狭义地解释双边或多边"协议"须为"法律协议",协议内须明确规定"排除第三方解决程序",以及狭义地解释"关于海洋划界的争端"内容等,均影响和损害《公约》体系的完整性和权威性,也不利于国家间通过双边或多边文件提升政治互信及延缓南海争议问题的解决进程和效果。

最后应该指出的是,仲裁庭不能单独以《公约》对历史性权利的主张评判中国在南海所拥有的权利范围及其合法性,不仅因为中国依据历史性权利的主张不明,更重要的是因为中国在南海的海洋权利来源不单独依据《公约》,更是依据一般国际法或习惯国际法,且这种权利是在长期的历史发展过程中形成的,被国际社会所周知,包括通过行政设治、军事巡航、生产经营、海难救助等方式持续对南海诸岛及相关海域进行管辖。

同时,中国对南海诸岛的权利范围是通过在南海的群岛整体而主张的，无法单独以个别岛礁的地位和属性予以评定。例如，1958年9月《中国政府关于领海的声明》，1992年2月《中国领海及毗连区法》，1998年6月《中国专属经济区和大陆架法》，2011年4月14日中国政府向联合国秘书长提交的补充照会等，所以，仲裁庭试图以单个岛礁是否符合《公约》而做出的任何裁决内容，均违反中国国内法以及长期的国家实践，是中国政府不予承认的，也是不可执行的，对中国无拘束力。

换言之，无论仲裁庭最终的裁决结果如何，中国政府均不会接受和承认裁决，更不会执行。中国政府不会同意任何国家以此裁决为基础与中方商谈南海问题，也不会接受任何国家、机构和个人以仲裁裁决为基础提出的一切诉求和主张。中国政府的上述政策和立场是一贯的，今后也不会改变。

本文原载澎湃新闻网，2016年7月10日
http://www.thepaper.cn/newsDetail_forward_1496387

Tribunal Null and Void from the Beginning

The Hague-based arbitral tribunal on Tuesday passed its ruling on the case unilaterally brought by the Philippines in its dispute with China in the South China Sea, but China remains firm on its stance of "non-acceptance, non-recognition and non-compliance". There is enough reason for China to do so, because the ruling, along with the arbitration, is null and void and thus not binding.

The Philippines filed the case three years ago without the consent of China, which since then has been reiterating the reasons for refusing to accept the arbitration and the ruling. Since Manila's unilateral move is a violation of international law and judicial practices, the arbitration and ruling make no difference to China's legal status in the South China Sea.

The issues Manila submitted to the arbitral tribunal were, in fact, beyond the scope of the United Nations Convention on the Law of the Sea. There are still disputes over China's maritime claims in the South China Sea, and whether China's legal actions in the waters infringed other neighbors' interests is related to territorial claims and maritime delimitation, which are beyond the realm of UNCLOS.

Besides, the Philippines resorted to the arbitral tribunal when options of peaceful bilateral negotiations had not been exhausted; it also failed to fulfill its obligation to compare notes with China, which exercised its right under Article 298 of UNCLOS by making a declaration excluding compulsory arbitration. Given these facts, among many, the Hague-based tribunal had no ground to accept Manila's case.

Since 1995, "consent" has been repeatedly emphasized in the documents jointly issued by Beijing and Manila, in a bid to make clear their respective obligations in negotiations. The Declaration on the Conduct of Parties in the South China Sea agreed by both sides in 2002, too, highlights the term "promise" in Article 4, to ensure territorial disputes are addressed peacefully by the parties directly involved through consultation and negotiation.

So by hyping up 15 items that do not define Beijing-Manila ties, the Philippine government led by former president Benigno Aquino III dishonored the bilateral agreements with China. At their earlier talks on bilateral disputes, both sides had focused on emergencies in areas of dispute and the measures needed to reduce frictions, none of which are reflected in Manila's arbitration.

As such, the tribunal's ruling will have no impact on China, because the country's decision to not accept or implement it is in line with UNCLOS, which should be respected by one and all.

In a statement justifying its "jurisdiction" over the Philippines' case, the tribunal separated a country's maritime interests from its sovereignty, while questioning the validity of bilateral or multilateral agreements because they do not rule out the possibility of third-party intervention. Such misinterpretations can harm the legitimacy and authority of UNCLOS, making it difficult for disputing countries to solve their problems through bilateral or multilateral channels.

China's presence in the South China Sea is legal and historical, from administrative management and navigation to salvage operations, and UNCLOS, a relatively modern convention, alone cannot repudiate its interests in these waters.

The Declaration of the Government of the People's Republic of China on the Territorial Sea of 1958 and the Law of the People's Republic of China on the Territorial Sea and the Contiguous Zone of 1992 also make it clear that China's territorial claims are about archipelagos, not single reefs or islets, in the South China Sea. That further nullifies the tribunal's attempt to decide the ownership of certain islands.

本文原刊于《中国日报》2016年7月13日，第9版

南海仲裁案最终裁决效果及中菲关系预测

菲律宾单方面提起的南海仲裁案将在2016年7月12日做出最终裁决，国际社会普遍认为，常设仲裁法院关于南海仲裁案的最终裁决将明显不利于中国，中国政府的立场（"不接受、不参与"，"不承认、不执行"）将给中国带来众多的国际负面影响和南海权益损害，并在舆论上造成相当被动的局面。大家多认为，进一步改善和处理与菲律宾新政府的关系是一个可期的重要方面，以逐步扭转中菲关系的不利境况，并可为消除南海仲裁案的不利影响、缓和及解决南海问题做出贡献。

一、菲律宾新政府调整南海及对华政策的必要性

诚然，菲律宾新政府尤其是新总统杜特尔特的上台，是改善中菲关系的契机，但他在竞选前后的言论和态度存在矛盾性和不统一性，尤其是在南沙主权问题上丝毫未有妥协退让的迹象，所以其对华政策依然存在变数。换言之，菲律宾新政府在对待南海问题和对华政策上将采取"利用和对抗"的双面举措，以适应国内外因素的不同呼声和要求，相应地，中菲关系能否得到根本性改善，仍有待观察。从新近媒体报道和评论内容看，菲律宾新政府在南海问题上的政策可概述为"不炒作、不要挟和不执行"（以下简称"三不政策"）。

实际上，为调整菲律宾阿基诺前政府先前采用"一边倒"的"亲美日、疏华"政策，改善中菲关系，提升对华经济依存度和改善国内民生福祉，菲律宾新政府必会适时适度调整对华政策，以平衡其与各国之间的关系，为其国家利益创造条件和提供保障，这是可以预期的，也是符合菲律宾自国利益的可行之举。但这种对外政策调整的幅度将是有限的，并将是逐步渐进的。对此我们必须有清醒的认识。

二、菲律宾新政府实施南海仲裁案最终裁决的有限性

不可否认，常设仲裁法院将做出的不利于中国的最终裁决结果，可以成为菲律宾改善与中国关系的筹码，但由于仲裁庭无权处理中菲两国之间在南沙的核心争议（南沙岛礁领土主权争议和海域划界争议），所以，仲裁庭的最终裁决更多是宣示性的。为此，要真正执行这种裁决结果将是比较困难的。从这个意义上说，菲律宾新政府采取"三不政策"的可能性是存在的。但不可否认的是，如果菲律宾新政府不放弃常设仲裁法院针对南海仲裁案最终裁决"赋予"菲律宾的权利，则在法律层面上，仲裁庭的最终裁决的消极影响依然是存在的，也是不能抹去的。

对于菲律宾新政府针对南海仲裁案可能采取的"三不政策"，我国的应对策略主要体现在以下方面：第一，在政治外交上，对菲律宾新政府希望改善中菲关系的意愿表示欢迎，并积极回应，有所作为；第二，在经济贸易上，我国可依据政治主导并结合市场经济原则逐步加强对菲投资力度，开展包括基础设施建设、改善民生工程等在内的经贸活动，但投资的规模和进度不宜过大，并须在其他方面让菲律宾有所承诺和回报；第三，在法律层面上，若菲律宾新政府不执行所谓"南海仲裁案"的最终裁决，菲律宾在南海问题上的立场及主张并未改变和妥协，则中

菲两国针对南沙岛礁领土争议和海域划界争议依然存在，且这些争议今后仍将显现，为此，应创造条件展开双边对话协商进程，以消除仲裁案不利的政治和舆论影响，并阻遏其他国家可能仿菲呈现的"后续反应"和"后续行为"。

三、菲律宾新政府调整南海政策的域外制约性

菲律宾针对南海仲裁案可能实施的"三不政策"，既受到其国内因素的制约，也受到美、日等国的胁迫。所以，即使菲律宾新政府在南海仲裁案上采取"三不政策"，美、日等国仍会依据所谓的南海仲裁案的最终裁决在南海实施所谓的航行自由活动，且频度和力度可能增强。为此，中国与美国开展关于南海航行自由的协商依然是必要的，目的是达成共识和理解，关键是要求美国应切实遵守中美两国军事部门于2015年达成的《重大军事行动相互通报机制谅解备忘录》和《海空相遇安全行为准则谅解备忘录》及其后续附件之协议规范，以合作管控海洋秩序和海上应急事态。否则，中美两国在南海的军事安全活动发生事故的可能性依然存在，这不利于中美两国新型大国关系的充实和发展，只会使南海问题影响和冲击中美关系的大局，这是包括中美两国在内的多数国家不愿意、也不希望遇到的境况。

其实，美国声称的南海航行自由是其核心利益的政策主张，何尝不是我国的核心利益，因为我国的能源、资源和商品的70%—80%均依赖于南海的航行通道。为此，我国在与美国就航行自由展开协商时，不仅需要明确此立场，也应适当考虑修改我国对管辖海域航行自由的政策立场，尤其是针对军舰在领海内的无害通过制度、他国在我国专属经济区内的军事活动问题等，采取比较开放、包容的政策。可以考虑将研究及

修改我国的《领海及毗连区法》、《涉外海洋科学研究管理规定》以及《专属经济区和大陆架法》等相关内容提到议事日程,以适应我国海洋强国建设、海洋安全防卫政策实施的需要。

更为重要的是,我国必须尽快明晰在南海的各种权益主张,包括进一步厘清中国南海断续线的性质、历史性权利的内涵,进而明确我国在南海的战略,即进一步阐释我国在南海的战略目标和意图;同时,应加快制定诸如《中国海洋法》的综合性法律,以规范和明确我国海洋事务管理机构的职权,为我国处理海洋事务提供保障。

四、余言

最后应该指出的是,南海问题涉及面广,国际关系错综复杂,依国际法解决十分困难;同时,南海问题的应对和处置将是我国今后长期面临的重大问题,不仅涉及推进海洋强国战略进程,也关联21世纪海上丝绸之路实施步伐,为此,我国成立专门的国家南海问题综合性领导机构,以全面统领和合力处置南海问题是十分必要的。

本文原刊于(上海电视台)看看新闻网,2016年7月13日

否定中国南海断续线，南海仲裁庭错在哪？

2016年7月12日，南海仲裁案仲裁庭发布了菲律宾单方面提起的南海仲裁案的最终裁决。该裁决极大偏袒及超越菲律宾诉求，严重缺失公正，令中国政府和人民极度愤慨。

国际法学界多认为，仲裁员利用《联合国海洋法公约》体系缺陷，超越权限，尤其在事实认定和法律适用等方面存在严重错误。"南海仲裁案"是海洋法史上的一个恶例，违反国际法治正义，不仅无法解决中菲南海争议，反而使争议更为复杂，并损害《公约》体系的完整性和权威性，剥夺《公约》成员国自主选择争议解决方法的权利，严重破坏第二次世界大战以来确立的国际法制度，剥夺战胜国中国在南海诸岛享有的权益，应该受到严厉谴责。所以，中国政府"不承认、不接受"该裁决，具有充分的国际法理据。

一、南海仲裁庭的"裁决"何错之有

在菲律宾单方面提起的南海仲裁案中，核心内容为历史性权利和南海断续线。菲律宾请求仲裁庭就中菲双方在南海的权利和义务渊源，以及《公约》对中国在"九段线"（断续线）内主张的历史性权利的效力做出裁决。而仲裁庭做出了"历史性权利应限制在《公约》范围内"的错误裁决。

仲裁庭在《关于管辖权和可受理性问题的裁决》（2015年10月29日）中裁定，仲裁庭对当事双方涉及南海的历史性权利和海洋权利渊源的争端具有管辖权；在2016年7月12日的所谓最终裁决中，裁定中国在《公约》规定的权利范围以外，不存在对"九段线"内海域资源享有历史性权利的法律基础。

其所谓的理由为：第一，仲裁庭认为，中国对南海资源的历史性权利主张与《公约》对权利和海洋区域具体化的划分不相适应，即使中国在南海海域范围内对资源享有历史性权利，这些权利也在《公约》的海洋区域系统不相符合的范围内，已经随着《公约》的生效而归于消灭。第二，中国历史上在南海海域的航行和捕鱼反映的是公海自由而非历史性权利的行使，并且没有证据表明中国历史上对南海海域行使排他性的控制，或者阻止了其他国家对资源的开发。

在此，仲裁庭在历史性权利上适用法律的错误，主要体现在以下方面：第一，仲裁庭对中国于2006年8月25日做出的排除性声明内容做出了错误的认定和解释；第二，仲裁庭混淆了作为历史性权利渊源的一般国际法或习惯国际法和《公约》之间的关系；第三，仲裁庭混淆了历史性权利与《公约》赋予沿海国海域区域所涉权利之间的位阶。

二、历史性权利属于中国排除性事项，仲裁庭无管辖权

2006年8月25日，中国根据《公约》第298条的规定做出了排除性声明，对涉及海域划界、历史性海域或所有权、军事和执法行动等事项的争端排除在《公约》争端解决程序之外。迄今，包括中国在内的35个国家做出了排除性声明，这种做法符合《公约》的规定，理应受到尊重。

这种排除性声明的效力为一经做出即应自动适用，并构成《公约》的组成部分。即针对这些排除性事项，未经中方同意，其他国家不得针对中国就相关争端单方面提交强制争端解决程序。否则，将严重违反仲裁的基础"国家同意"原则，违反《公约》成员国自主选择解决争端方法的权利。所以，对历史性权利内容的请求事项，仲裁庭无管辖权。

三、"历史性权利"与《公约》并不冲突

诚然，历史性权利起源于历史性海湾，在1951年国际法院"英挪渔业案"的判决中提出了历史性水域的概念，即国际法院确认，沿海国对海域的主权不限于海湾，也可及于邻接海岸的其他海域。换言之，历史性权利的渊源是一般国际法，同时，历史性权利包括排他性的权利（主权、所有权）和非排他性的权利（使用权、管辖权）。

尽管第三次联合国海洋法会议就历史性海湾和历史性水域等问题进行了多次协商，但在最后通过的《公约》中未能就历史性海湾、历史性水域和历史性所有权的定义、性质、要件等做出明确的具体规定。而《公约》在相关条款中使用了历史性所有权、历史性海湾等内容，例如，《公约》第10条、第15条、第50条和第298条。可见，《公约》这些条款对历史性权利做出了一般性的规定或例外性的规定，并没有排斥历史性权利，所以，它们具有相容性。

四、历史性权利的"位阶"高于《公约》规定的权利

如上所述，历史性权利既包括排他性权利，也包括非排他性权利。而沿海国在《公约》规定的海域，尤其在专属经济区和大陆架内的权

利,主要为主权权利和管辖权。《公约》在上述海域的主权权利体现在沿海国对海域内资源(生物资源和非生物资源)的勘探、开发、养护和管理,以及从事经济开发和勘探等活动上;在上述海域的管辖权体现在沿海国对海域内的人工岛屿、设施和结构的建造和使用,海洋科学研究,海洋环境保护和保全等方面。而历史性权利具有领土主权属性,其位阶高于《公约》中关于沿海国对海域主权权利的规定。

诚然,《公约》对包括传统捕鱼权和航行权等在内的历史性权利内容有所规范,但并未穷尽,这在上述的规定(例如,第10条、第15条、第298条)内有所体现。所以,历史性权利内涵被《公约》全部吸收的观点是不能成立的。换言之,《公约》规范沿海国在其海域内的权利,不能剥夺历史性权利所包含的所有权利。

五、中国依据"历史性权利"对南海诸岛行使了"排他性管控"

从历史上看,中国在南海海域行使的权利主要为包含在历史性权利内的捕鱼权和航行权,这是事实,但仲裁庭对中国并未在该海域内行使过排他性权利的认定,不符合事实。例如,中国国务院新闻办发布的《中国坚持通过谈判解决中国与菲律宾在南海的有关争议》白皮书(2016年7月13日)指出:1956年8月,美国驻台机构一等秘书韦士德向中国台湾当局提出申请,美军人员拟前往黄岩岛、双子群礁、景宏岛、鸿庥岛、南威岛等中沙和南沙群岛岛礁进行地形测量,对此,中国台湾当局随后同意了美方的申请;1960年12月,美国政府致函中国台湾当局,"请求准许"美军事人员赴南沙群岛双子群礁、景宏岛、南威岛进行实地测量,中国台湾当局批准了上述申请。

此外,中国也对其他国家在南海断续线内的资源开发活动长期持续地予以了反对，但为维系南海区域的和平，保持了最大的克制，并未采取实质性的阻止活动，这不能成为中国未对南海断续线内海域行使管辖的依据。

最后应该指出的是，对于仲裁庭利用《公约》争端解决机制的缺陷，特别是在事实认定和法律适用上的规定（《公约》附件七第9条），任意扩大权限，片面解释和错误裁定中国依据历史性权利的断续线在《公约》权利范围外无法律基础的结论，剥夺了第二次世界大战战胜国中国在南海诸岛应该享有的主权和利益，理应受到严厉的谴责。其所做出的裁决违反战后国际法制度和秩序，中国政府是决不会承认和接受的。

本文原刊于《人民日报》海外网，2016年7月27日
http://opinion.haiwainet.cn/n/2016/0727/c353596-30130689.html

菲律宾对外政策的变化及对南海局势的影响

菲律宾新总统杜特尔特于2016年6月30日上台以来，呈现了一系列惊人的言行，引起国际社会的广泛关注，尤其是针对美国政府和总统的指责，似乎有"脱美亲亚"之趋势，包括因辱骂奥巴马使美国取消了美菲两国元首会晤，指令菲律宾国防部取消美菲在南海的后续联合巡逻计划，审查美菲两国于2014年4月28日签署的《强化防卫合作协议》的内容，要求美军撤出菲律宾等。

那么，菲律宾新总统杜特尔特为什么要尽快改变前总统阿基诺三世坚持的亲美疏华的外交政策呢？

从国内层面看，杜特尔特为稳固政权、树立权威，需要对国内的经济、民生等政策予以调整，包括采取强力措施改变腐败现状、打击禁毒活动，以避免国际社会包括美国对其强势政策的人权抨击，进而影响其效果及决心，所以采取了将自力决定和调整外交政策的意向和行为。同时，对于菲律宾而言，其经济和民生，依靠美国不会带来可期待的有利结果，即杜特尔特新政府认为，要改善菲律宾国内经济、民生等，需要采用实用主义的态度，搭上中国发展的顺风车，包括"一带一路"倡议及规划的实施，利用中国的政策优势，为此，菲律宾新政府对外采取了强势的态度和作为。

从对外层面看，自菲律宾前政府于2013年1月22日单方面提起南海仲裁案，至2016年7月12日仲裁庭做出越权且违法的最终裁决以来，中国政府坚持"不接受、不参与、不承认"的政策与立场，菲律宾并未获得实质性的利益，也无法实现"和平永久地"解决中菲两国之间的南海核心争议（即中菲在南沙岛礁的领土争议以及海域划界争议）的目的，所以，菲律宾对美国怂恿、协助其提出仲裁的效果产生了怀疑和批判。换言之，尽管自仲裁案提起至最终裁决出台，美国在政治外交、法律和安全上给予了大力支持：美国国务院于2014年12月5日发表了《海洋界限：中国在南海的海洋主张》，认为中国南海断续线仅限于《联合国海洋法公约》所规范的权利之内；美国海军军舰于2015年10月27日、2016年1月30日、2016年5月10日未经中国政府的许可或事先通报擅自进入南海尤其是南沙12海里的邻近海域和西沙领海实施所谓的航行自由活动和无害通过等。即便美国做出如此挑衅行为，也未能使中国政府屈服。

同时，中国和东盟国家外长于2016年7月25日《关于全面有效落实〈南海各方行为宣言〉的联合声明》的签署，以及2016年9月7日中国—东盟领导人峰会上通过的《中国与东盟国家应对海上紧急事态外交高官热线平台指导方针》和《中国与东盟国家关于在南海适用〈海上意外相遇规则〉的联合声明》，使菲律宾新政府深感南海问题不是中国和东盟关系的全部，如果执意再与中国对立对抗，则将失去自身利用中国发展的时机，包括无法获得中国的信赖及市场和投资，对自国的发展带来严重的损害。

此外，中美两国尽管在南海问题上存在分歧，但两国合作的领域广泛，包括在联合国维和、防止核扩散、气候变化、打击恐怖主义、经济和人文合作等方面。尤其是中美两国的对话沟通渠道畅通，在安全和海事领域的合作加强，例如，两国国防部门于2015年通过了《重大军事行动相互通报机制谅解备忘录》、《海空相遇安全行为准则谅解备忘录》以及后续附件协议；在二十国集团领导人杭州峰会上两国在推进新型大国关系、加强海警和海洋合作、加强在亚太的互动及安全合作等方面达成了多项共识。

在这种情势下，菲律宾新政府认为在安全和军事上完全依靠美国对自国并不有利，也不符合国际关系发展的趋势，进而出现了试图审议《美菲强化防卫合作协议》内容并要求美军撤离的新动向。2013年8月以来经过八次协商签署的《美菲强化防卫合作协议》，在性质上是一份行政协议，并不是条约，所以，不需要国会的承认和批准；而对于美国军队今后如何利用菲律宾的设施等内容，由此后两国通过协商做出具体规定，所以，从这个意义上说，菲律宾新政府有利用行政权取消该《合作协议》实施的可能性。

另外，在南海问题上，菲律宾新政府采取了"不炒作、不要挟、不执行"的"三不政策"，包括派遣特使与中国展开谈判等。换言之，菲律宾新总统杜特尔特上台后，有改善与中国关系的言行，但在南海问题上的立场和主张并未改变和妥协，仅存在与中国协商谈判的意向，所以，如果中菲两国之间就南海问题争议展开协商和谈判，双方均无让步及最终解决核心争议的可能。为此，为缓和南海问题争议并改善中菲关系，比较容易的做法是两国应尽力构筑海上危机管理制度，包括在南海就应急事态构筑热线联络通报机制、适用《海上意外相遇规则》，并尽力采取不单独开发南沙海域资源的政策；同时，在经贸和基础设施等方面可根据情势的发展适度加大投资与合作力度，力争取得互信、缓和关系。

从现今的情形，尤其从菲律宾新总统杜特尔特的系列言行看，菲律宾新政府在外交上有脱离美国的政策倾向，但这种政策选择是否可行，是否能得到美国的容许，仍存在变数。同时，菲律宾加强与日本之间的各种关系，也是可以选择的路径，以取得平衡并获取利益。因为日本无论在政治外交、安全和经济等方面，均有意愿并持续地加强与菲律宾之间的关系，试图联合应对及遏制中国的进一步发展。

总之，在美国新政府成立前，美国实难对菲律宾采取坚定有力的外交政策，所以，菲律宾新政府利用此空隙时间调整其外交政策在理论上是可能的，但其效果如何，是否能切实实施，仍有待观察和关注。同时，南海问题是否再起争议，也存在变数，关键是应就如何管控南海达成多方可接受的合作机制。

本文原刊于(上海电视台)看看新闻网，2016年9月10日

非法仲裁案半年过去，美国在南海争议中造成了哪些影响？

在《中美联合公报》（1972年2月27日）发表45周年之际，重温中美关系进程及争议问题，对于协调中美关系，共同维护亚太和世界的和平与稳定有重要的价值和意义。尤其在美国新总统特朗普上台，针对亚太的政策并未清晰的情形下，两国如何管控亚太地区的南海争议包括合理看待南海仲裁案就特别重要。

众所周知，美国为推进亚太再平衡战略的部署和实施，增加对抗中国的筹码，自始至终竭力认可菲律宾对南海问题的非法主张，鼓励菲律宾单方面提起并推进南海仲裁案，尤其在政治外交、法律和安全上加大了对菲律宾的支持力度，要求中国遵守国际法包括《联合国海洋法公约》，试图构筑盟国体系包括缔结南海区域新规则，制约中国在南海的行为和活动，遏制中国在南海的进程。换言之，美国在南海仲裁案中扮演了破坏南海区域和平的角色，在所谓的航行自由以外要求中国遵守国际法规范的立场包括履行南海仲裁庭做出的非法裁决内容，使南海争议的解决更为复杂，这将带来严重的不利影响，应引起高度重视。

一、中美针对南海争议的政治外交政策博弈

在政治外交上，因2012年4月发生的中菲黄岩岛对峙事件，使菲律宾处于相对不利的地位，所以，即使在2012年7月的东盟外长会议上，也无法就南海问题达成"谴责"中国行为的共同声明。在印度尼西亚外长的斡旋下，东盟于2012年7月20日针对南海问题的后续发展提出了"东盟南海六项原则"。2012年8月3日，美国政府发布了"关于南海问题的声明"，指责中国在南海的行为进一步加剧了南海地区紧张局势。所以，菲律宾在美国的鼓励并在中国一再拒绝仲裁的情形下，单方面于2013年1月22日启动并推进了南海仲裁案。此后，中国同意于2013年9月起与东盟就"南海行为准则"举行磋商，并提出了制定"南海行为准则"过程中应遵守的四项原则：合理预期原则，协商一致原则，排除干扰原则和循序渐进原则。应该说，这些原则不仅是合理的，而且是可行的。

2014年7月10日，美国联邦参议院通过了亚太领土主权争议的第421号决议案，要求中国将相关钻井平台和护航船只撤离南海海域（即海洋石油981平台在西沙海域的钻探作业，引发中越在西沙的船只对峙事件，2014年5月），恢复南海现状，同时敦促中国节制执行东海防空识别区的宣示。2014年7月11日，美国国务院助理国务卿帮办富克斯称，美方提议南海主权各声索国冷冻在有争议岛礁的填海造地、施工建设、设立据点等改变现状的行为，为"南海行为准则"协商创造条件。即美国所谓的"南海三不建议"，具体指各方不再夺取岛礁与设立前哨站，不改变南海的地形地貌，不采取针对他国的单边行动。这显然是双重标准的产物，不易被中国政府所接受。

对此，中国外交部长王毅在中国—东盟外长会议上，提出了"维护南海和平稳定的三点倡议"（2014年8月5日），以回应美国的上述主

张。即南海地区国家承诺全面有效完整落实《南海各方行为宣言》,加快"南海行为准则"磋商,积极探讨海上风险管控预防性措施;域外国家承诺支持地区国家上述努力,不采取导致局势紧张和复杂化的行动;各国承诺依据国际法行使和维护在南海享有的航行和飞越自由。

同时,针对美方再次在2014年8月9日东亚合作系列外长会上提出的"冻结南海行动",中国外交部长王毅于2014年8月9—10日,提出了解决南海问题的"双轨思路"(即有关争议由直接当事国通过友好协商谈判寻求和平解决,而南海的和平与稳定则由中国与东盟国家共同维护),得到东盟国家的赞同。

换言之,美国应在政治外交上尊重南海区域内国家自身构筑信任措施的努力进程,鼓励各国遵守达成的共识,并推进管控南海区域的规则进程,实现南海区域资源共享目标,而不是相反。

二、美国在法律上助推南海仲裁案进程

在法律上,为呼应菲律宾单方面提起的南海仲裁案,并影响仲裁庭的裁决,美国国务院于2014年12月5日发布了《海洋界限:中国在南海的海洋主张》报告。该报告围绕中国南海断续线地图的特征、主张的相关性及其合法性等问题展开分析,否定了南海断续线作为边界划分的国界线的合法性,也否定了南海断续线包含中国的"历史性水域"或"历史性权利"主张,只认可中国将南海断续线作为"岛屿归属线"的主张,即其认为南海断续线只反映了中国对断续线内岛屿的主权主张。这种观点显然严重违反中国长期以来通过行政设治、水师巡航、资源开发、天文测量、地理调查等手段,对南海诸岛和相关海域进行持续、和平、有效管辖形成的主权和海洋权利,也违反中国的国内法,显然无法

被中国政府所接受。

对于南海仲裁案仲裁庭于2016年7月12日做出的所谓最终裁决，严重偏袒或超越菲律宾的诉求，仲裁庭扩大权限、借用《联合国海洋法公约》体系缺陷做出的损害中国自主选择争议解决方法的权利，破坏《联合国海洋法公约》的完整性和权威性，以及在事实认定和法律适用上的严重错误，剥夺中国在南海的主权和海洋权利的裁决内容，中国政府自始不予接受和承认。所以，所谓的仲裁庭最终裁决，不仅无法解决中菲两国之间的南海争议问题，相反，如果以所谓的仲裁庭最终裁决内容要求中国遵守和执行，只会使中国在南海维护权益的行为和活动更为激烈，南海问题的解决更为艰难，并严重影响南海区域的和平与安宁。

正如《中国外交部关于应菲律宾共和国请求建立的南海仲裁案仲裁庭所做裁决的声明》（2016年7月12日）指出的那样，中国在南海的领土主权和海洋权益在任何情况下不受仲裁裁决的影响，中国反对且不接受任何基于该仲裁裁决的主张和行动；中国政府将继续遵循《联合国宪章》确认的国际法和国际关系基本准则，包括尊重国家主权和领土完整以及和平解决争端原则，坚持与直接有关当事国在尊重历史事实的基础上，根据国际法，通过谈判协商解决南海有关争议，维护南海和平稳定。中国针对南海问题的上述立场不仅是一贯的，而且是合理的，得到多数国家的认同，符合国际法和国家实践。

三、美国在安全上强化对盟国的援助威慑中国的南海权益

在安全上，美国不仅加强了与菲律宾的安全合作，并增加了军事演习的规模和频次，以提升菲律宾的海上安全能力，这种做法显然不利于南海区域安全的维护，极易出现军备竞赛。例如，美国总统奥巴马访问

菲律宾时,两国于2014年4月28日签署了《美菲强化防卫合作协议》。内容包括加强美军在菲律宾的轮换部署,美军利用菲律宾国内的设施,促进菲律宾国内及区域内的人道救助、灾害援助活动,增加美菲两国之间的训练机会,提升菲律宾军队的防卫力量和现代化水平,以共同合作应对21世纪的课题。对于自2013年8月以来经过8次协商签署的《美菲强化防卫合作协议》,在性质上是一份行政协议,不是条约,所以,不需要两国议会的承认和批准。而对于美国军队今后如何利用菲律宾内的设施和规模等方面的内容,由此后两国间通过协商做出具体规定。

同时,菲律宾军队在2013年接受了美国海岸警卫队的两艘退役军舰,并进一步加强了所谓的联合军事演习活动,包括夺岛训练、海上合作训练和突击登陆演习等,试图提升菲律宾应对海上事故的能力,强化海上力量。

在南海仲裁案推进审议的进程中以及在所谓的南海仲裁案最终裁决出台后,美国军舰未经中国政府的许可或事先通报多次(2015年10月27日,2016年1月30日,2016年5月10日,2016年10月21日)擅自进入南海尤其是西沙12海里实施所谓的航行自由活动,严重损害中国在南海的主权和安全,不仅违反中国的法律,也违反中美两国军事部门于2015年缔结的《重大军事行动相互通报机制谅解备忘录》和《海空相遇安全行为准则谅解备忘录》以及两国军事部门于2015年9月达成的上述谅解备忘录新增的"军事危机通报"附件和"空中相遇"附件规范的内容,更违反《中美联合公报》(1972年2月27日)国际争端应在和平共处五项原则基础上予以解决而不诉诸武力和武力威胁的约定,以及《联合国宪章》禁止使用武力或威胁使用武力的原则,使中美两国呈现严重军事对立,极易造成安全事故和冲突,影响中美两国关系。换言之,中美两国尤其是美国不应以南海问题损害两国关系大局。这是包括中美两国在内的国际社会不愿意看到的景象，否则，世界将出现动荡，在中长期内无法消弭并呈现南海区域不安宁的态势。

四、结语

可见，美国在政治外交、法律和安全上，偏袒和协助菲律宾的做法，不仅未能缓和与解决南海争议，相反，使南海问题的解决更为复杂。如果一些国家试图以所谓的仲裁庭的最终裁决，压制中国在南海的行为和活动，要求中国遵守和执行所谓的最终裁决，则将使解决南海问题更为困难，南海区域的和平与安全将受到严重的损害。同时，如果美国再伺机设法挑战中国在南海的主权和海洋权益，也将无法确保第二次世界大战以来确立的国际法制度和国际秩序，剥夺中国在南海的主权和海洋权益，损害中国的领土完整，这是中国政府无法及不能接受的结局。所以，包括美国在内的国际社会，如何采取建设性的态度，合作处理南海问题，则是应该考虑的可行而合理的做法，以切实稳固南海区域的安宁和秩序，为合理共享南海区域的空间及其资源做出贡献，这是国际社会多数国家的共同期盼。换言之，美国新政府应正确理解中国对南海争议的政策立场及意图，慎重处理南海争议；否则，中美关系将因南海争议出现波动并受到损害。

本文原刊于文汇新媒体，2017年2月27日

日本研究与中日关系

冲之鸟的前世今生

日本依据"冲之鸟岛"主张所谓的专属经济区,并抓捕台湾地区渔民,引发强烈抗议和不满。这种做法不仅违反《联合国海洋法公约》岛屿制度的立法宗旨和文本解释含义,更损害公海自由原则(第87条)。不可否认,冲之鸟是岩礁而不是岛屿,日本的做法割裂了岛屿制度第121条第1款与第3款之间的关系,是严重错误的行为。为此,有必要阐述与冲之鸟有关的问题,包括政策与立场,及其来龙去脉。

一、冲之鸟问题的显现与我国的立场

日本政府在2010年1月18日召开的例行国会上提交了一项新法案,要求保护日本最南端的冲之鸟礁的海岸线,以保护其以冲之鸟为基点主张的专属经济区和大陆架的权益。内容主要包括:制订与保护和建设相关的基本计划;禁止变更当前海岸线的行为,有义务保护岛屿不被海水淹没或侵蚀;确保能够建设由国家直接管理的港湾设施。对此,中国外交部于2010年1月19日指出,日本以冲之鸟礁为基点,主张大面积的管辖海域,不符合国际法,也严重损害了国际社会的整体利益,在法律上明显是站不住脚的。

日本针对包括冲之鸟礁在内的法律已于2010年2月9日在国会获得通

过。法律的全称为：《为促进专属经济区和大陆架的保全和利用对低潮线和相关设施完善等法》。该法由6章（20条）和附则（7条）组成，主要内容与草案内容基本相同。实际上，日本政府提交上述法案源于海洋政策财团向综合海洋政策本部提交的保护离岛（远离陆地的岛屿）的政策建议。综合海洋政策本部在接受其建议后，于2009年12月1日通过了《为保全海洋和管理离岛基本方针》，后由国土交通大臣（综合海洋政策本部副部长）向国会提交了依据上述基本方针草拟的法案。

中国针对日本冲之鸟的立场，源于2004年4月22日中国政府在中日间就东海大陆架划界问题进行磋商的事务级谈判中的发言。中国政府代表指出，日本不能以冲之鸟为基点主张专属经济区和大陆架，因为冲之鸟只是岩礁，而不是岛屿。冲之鸟问题突发于日本政府于2008年11月12日向联合国大陆架界限委员会提交的日本外大陆架划界申请案。日本以冲之鸟为基点划出了200海里大陆架范围，以及以冲之鸟为基点延伸的SKB、MIT、KPR三处200海里以外的大陆架。对此，我国常驻联合国代表团于2009年2月6日向联合国秘书长提交了针对日本外大陆架划界申请案的立场声明，指出：日本将冲之鸟礁列入其划界案中是不符合《联合国海洋法公约》第121条的要求的；现有的科学资料充分表明，冲之鸟礁依其自然状况，显然是不能维持人类居住或其本身的经济生活的岩礁，不应有专属经济区和大陆架，更不具备扩展200海里以外大陆架的权利；大陆架界限委员会也无权对日本外大陆架划界案中以冲之鸟礁为基点划出的200海里以内及以外的部分做出建议。应该说，我国针对日本冲之鸟的立场与态度是一贯的。

此外，韩国也于2009年2月27日针对日本外大陆架划界案提出了同样的照会声明。可见，日本外大陆架划界申请案中以冲之鸟礁为基点划出的200海里以外的大陆架无法获得大陆架界限委员会的审议和建议，因为，如果有国家对国家外大陆架划界申请案提出反对意见，大陆架界限委员会是不会对此进行审议和做出建议的。2012年4月19日，大陆架界限委员会未对日本与冲之鸟有关的外大陆架界限提出建议。

二、日本针对冲之鸟礁的政策和措施

鉴于日本外大陆架划界申请案中冲之鸟的地位与作用存在问题，并影响我国在相关海域的测量活动、航海安全以及在其周边的海洋活动等，我们有必要分析日本针对冲之鸟礁的政策和措施。

冲之鸟礁位于日本的最南端，尽管其面积极小，但处于重要的位置，特别是日本试图以其为基点设定专属经济区和大陆架，所以，日本认为，研究其维持再生、利用计划及其法律地位等问题极为重要。

(一) 冲之鸟礁的地位及其问题

1.冲之鸟礁的历史沿革。据说冲之鸟礁最初是由1543年的西班牙船舶发现的，当时取名为"Abre Ojos"(意为睁开眼睛看)，但其是否指冲之鸟礁并不明确。其最初标记在海图上也是由西班牙船舶于1565年发现的，当时的名称为"Parece vela"(扬帆)。现在的冲之鸟礁又被称为"Douglas reef"(道格拉斯礁)，它是由英国的船舶于1789年确认其存在而命名的。

冲之鸟礁与日本的关系始于1922年由测量舰"满洲"号对其深度进行的简单测量。1929年日本首次在海图上标记冲之鸟礁的名称。1931年正式划入日本领土，当年7月6日根据内务省告示第163号归属当时的东京府小笠原支厅管辖。日本于1933年起为建造灯塔开始对其地形、地质进行综合调查，灯塔的建设工程持续到1941年，后因太平洋战争的爆发,建设工作在加固根基时中断。战争结束后的1953年,根据《旧金山和约》包括冲之鸟礁在内的小笠原诸岛被美国托管,1968年再返还给日本。此后,日本于1977年制定了《渔业水域暂定措施法》,引入了200海里渔业水域,此时,在冲之鸟礁也以低潮线为基线设定了渔业水域(面积约40万平方千米)。1996年以日本批准《联合国海洋法公约》为契机,施行了《专属经济区和大陆架法》,设定了200海里的专属经济区。

2.冲之鸟礁的自然状况及其措施。冲之鸟礁位于北纬20度25分,东经136度05分,其附近海域位于北赤道海流的流经路线,表层海水的温度高,即使在温度最低的3月平均也为约25度,在温度最高的8月为约30度,说明附近海域具有台风多发的热带区域的特征。尽管在九州和帕劳海岭有多数海山相连,但露出海面的只有冲之鸟。在陆地区域中其离最近的大东岛670千米、硫黄岛720千米,离东京都1740千米。在低潮时只看到东西4.5千米、南北1.7千米、周长约11千米成等边三角形的茄子型的桌礁上露出的北露岩(北小岛)和东露岩(东小岛),日本认为它们是日本的领土。为此,日本将其行政归属于东京都,并赋予北小岛和东小岛住所名称(邮编:100-2100,东京都小笠原村冲之鸟礁1号和2号地);同时,尽管它们是无人礁,日本政府于2005年5月1日发表了在冲之鸟礁的户籍人数为122人的消息。真可谓势在必得!

此外,桌礁的外围部分礁岭很多,低潮时完全露出;在桌礁的中央有礁池,深度为5米。

其地理、地形和气象条件影响生物的分布。由于从陆域分离的成分、营养盐的供应少,所以,海域的生产力就低。由于是孤礁,小生命加入的频度就低,所以,生物多样性较差。特别是如珊瑚那样需经过在海底着落再成长的生物,由于海象条件严峻,幼小生命着落海底困难,即使着落海底也难以成长，所以，在调查中只发现了79种珊瑚，明显少于冲绳、八重山、小笠原等地的珊瑚种类。即使在热带区域的砂浜能存活的有孔虫，由于很难在海底扎根，所以数量很少。

3.冲之鸟礁需要解决的问题。考虑到冲之鸟礁的重要性、地理和地质环境的严峻性，所以，日本认为面临以下问题，并必须采取措施。

第一，因"侵蚀或倒毁"、"淹没"引发的冲之鸟礁的消失问题。对于侵蚀或倒毁，可采取配置消波围栏、在外周用水泥处理，以及设置钛防护网等措施，迄今已花费了285亿日元。

第二，对于礁的沉降和海平面上升引发的淹没问题，迄今仍没有采取有效的措施。由于冲之鸟礁与九州—帕劳海岭在以每100年1厘米的速度沉降；同时，预计随地球的气候变暖，在21世纪海平面将上升10厘米—90厘米，所以鉴于冲之鸟礁的两个"岛"在高潮时只露出水面约50厘米的现状，应及时考虑处理措施。

第三，根据国际法思考冲之鸟的法律地位问题。例如，中国虽承认其为日本的领土，但提出其不满足设定专属经济区的要件的观点，所以，应考虑其他国家应对同类问题的实践，并进行比较，找到解决问题的方法。

第四，应深入考虑冲之鸟礁及以其为基点确定的专属经济区的利用方法。例如，利用海洋温度差发电的问题，附近的渔业资源和矿物资源的开发利用问题等。

(二) 日本针对冲之鸟礁的政策与措施

1.日本针对冲之鸟礁的政策。鉴于上述境况和问题，日本海洋政策研究财团自2004年9月起开始关注冲之鸟礁问题，并开始考虑相关计划。2004年10月成立了"冲之鸟礁研究会",开始探讨冲之鸟礁的淹没问题。冲之鸟礁研究会由委员9名、观察员9名组成。其事务局设在海洋政策研究财团内,由6名成员组成。2005年4月该研究会发表了《冲之鸟礁再生计划》。

《冲之鸟礁再生计划》指出,迄今,日本在保全北小岛和东小岛方面已采取了相应的措施,但在因海平面上升引发冲之鸟礁的淹没问题上还未采取措施,所以,提出了以冲之鸟为基础构筑洲岛的建议,具体任务自2005年年中起由国土交通省和水产厅及东京都实施相关措施。为此,该计划受到了广泛的关注。

冲之鸟礁研究会的目标是冲之鸟礁的再生,其是指在冲之鸟的桌礁内用珊瑚的残片和有孔虫壳"自然"地形成洲岛。为此,要改善珊瑚和有孔虫的生育环境、生产更多的"材料",同时,必须摸索有效堆积这些材料的方法。而提供这些具体的实施计划,则是该研究会的目标。另一方面,必须检查所提供的技术或方法是否被国际社会所接受,所以,这种计划必须尽力兼顾国际法的观点。为此,海洋政策研究财团计划从2006年起用三年时间,重点探讨管理冲之鸟及其周边海域的技术和法律问题,并考虑其他国家的管理实践,对冲之鸟礁的再生及其管理问题进行研究。

2.日本针对冲之鸟礁的具体措施。2008年3月,日本海洋政策研究财团发表了题为"冲之鸟维持再生的调查研究"的报告书。在此,有必要阐述三个部门(国土交通省、水产厅和东京都)的调查内容和结果。

(1)国土交通省的调查内容和结果。上已言及,所谓的北小岛和东小岛面临因波浪等的影响而消失的危机,为此,1987年10月日本根据《海岸法》将两小岛指定为海岸保全区域,11月起由当时的建设省开始直接管辖工事。为防止两小岛的侵蚀和倒毁,至1993年花了六年时间实施了名为"恢复灾害"的工事。工事总共投资了285亿日元,用于在两小岛(和人工观测所基础)的周围配置铁制的消除波浪的围栏、在外周浇注水泥等。又在1998年至1999年花了约8亿元在东小岛的上部设置了钛制防护网。

现在,冲之鸟礁属于根据1999年修改的日本《海岸法》及其施行令受国土交通省直接管辖的区域,管理费由国家全额支出。目前,国土交通省为维持和保全冲之鸟礁的主管机关。

国土交通省在冲之鸟礁建设和维持方面的工作,主要为两个方面:第一,构筑和完善冲之鸟礁的保全工事;第二,为构筑保全工事所需的对冲之鸟礁的内部和周边自然条件的调查工作。

自1987年起,国土交通省在保全冲之鸟礁的工事方面的工作,主要为:1987—1989年,保全北小岛和东小岛的工事;1990—1993年,观测所基础工事;1998年,在东小岛设置钛制网;2004年,在观测设施上设置电视相机;2005年,在包围北小岛混凝土的护岸上安装表示住所的指示牌,以及设置利用卫星线路的24小时监视雷达观测系统;2007年,开始运用"冲之鸟礁灯台"并在北小岛设置钛制网。

如上所述,在保全工事中,存在与护岸有关的工事(保全北小岛和东小岛)和利用冲之鸟礁的独特地理条件建设设施的工事两种。可以预见,日本今后不仅会继续为防止冲之鸟礁的淹没加固护岸,而且会为有利于日本的利益进行持续的开发利用活动,例如,利用冲之鸟礁周边无陆地的地理条件进行气象、海象观测和渔场开发等活动。

对冲之鸟礁周边自然条件的调查活动。为了能对冲之鸟礁实施开发,把握其海域的自然条件是必须的。例如,为认识和理解在冲之鸟礁内的砂物碎片的搬运量,不仅要观测流量,还要为获取更精密的海底地形情报而进行高精度的数据实验。所以,国土交通省对冲之鸟礁内的自然条件进行了各种调查活动,以制定持久的保全对策、保全海岸和环境的合理方法。至2005年7月,国土交通省在冲之鸟礁内及其周边调查自然条件的内容包括地形和地质、气象、海象、漂砂、水质、珊瑚、海底生物、鱼类藻类及其他生物等的调查活动。

尽管国土交通省除构筑保全工事外,还对自然条件中的多数项目进行了观测、调查,但为长期把握气象、海象的变动情况,必须继续进行相关的调查和观测活动。

(2) 水产厅的调查内容和结果。水产厅渔港和渔场整备部制定了在2006—2008年实施《生育环境和条件严峻下的增养殖技术开发调查计划》。该调查活动具体由财团法人水产土木建设技术中心实施,一般在一年中听取探讨委员会2—3次的意见和建议后推进。探讨委员会由委员5人、观察员涉及7个部门约16人组成,事务局设在财团法人水产土木建设技术中心,成员6名。根据探讨委员会于2006年4月2日发表的相关资料,实施调查活动的目的为:在大型珊瑚群体减少的冲之鸟礁开发生育环境和条件严峻下的增养殖技术,寻求恢复和创造自然环境的同时,通过应用该技术维持处于水没危机的岛屿国家的水产动植物的生态系统和保全其国土。具体的技术性目的为:第一,把握冲之鸟礁的环境条件(包括调查以往文献、珊瑚生育条件和环境条件);第二,开发种苗生产技术(包括现场实验、在陆地设施进行增殖的实验和开发增殖礁);第三,开发符合本地的选定技术(珊瑚的分布和成长速度、附着生育时的动态、流况特性),以最终制定珊瑚增殖方法手册为目标。在2007年的探讨委员会的中期报告中,对于制定珊瑚增殖方法手册的背景和目的阐述如下:开发珊瑚增殖的技术不限于冲之鸟礁,对于冲绳的珊瑚礁及处于水没危机的珊瑚礁海域的岛屿国来说,在保全国土和保全生态系统上也能适用,也是很重要的,所以,不仅要整理国内外有关增殖技术的情报，而且要把握国外在这方面的状况，以达到广泛应用的目的。

具体的调查内容与效果为：

在把握冲之鸟礁的环境条件方面的调查活动。通过对既往文献的调查和两次的现场调查，基本明确了冲之鸟礁的珊瑚优种、分布区域、产卵时期等生物学方面的信息。同时测定了诸如水质、水温、礁内礁外流况的环境条件，明确了产卵时期的流向是向西的，同样受到潮汐的控制。为此，明确了幼小生命附着生存的环境条件，今后的课题是必须把握左右自幼小生命附着生存后的成长的环境条件。

在开发种苗生产技术方面的调查活动。通过试验，已经让冲之鸟礁内的珊瑚在船上产卵、受精及着床，以及在陆地设施上长期间地饲养获得了成功。通过试验，明确了其生育最适合的光量、水温等方面的基本数据，今后的课题是应明确藻类的繁殖情况和诊治病情等问题。同时，试验对象也应超越冲之鸟礁以外的珊瑚种类。

在选择适合地方选定技术方面的调查活动。通过对珊瑚分布的调查活动，大致明确了与珊瑚礁的繁殖方向和水位有关的倾向。如果继续对其进行研究，则可以选定适合珊瑚礁增养殖的好地方。同时，应通过设置实验礁，进一步探讨与容易让珊瑚礁繁殖场所有关的技术。

总之，迄今实施的环境调查活动是精密调查冲之鸟礁的再生不可缺少的基础信息，这种调查活动今后仍将继续。探讨委员会将调查的结果向外界公开，通过相关学会发布报告内容等方法，让外界能容易地了解情况，这对于制定利用和活用冲之鸟礁整体计划无疑是很有帮助的。

另外，有关珊瑚增殖方法手册，应将保全岛屿国的国土也纳入视野，广泛地收集国外相关情报，以从国际性的观点出发统一解决问题。当然，不限于公布调查的结果，也应设法将迄今致力于珊瑚增殖的技术过程、岛屿法律地位问题和保全岛屿国的国土为内容的管理岛屿的想法,让外界知悉。

(3) 东京都的调查内容和结果。为保护冲之鸟礁,东京都的工作主要包括以下两个方面。

第一,推进活用冲之鸟礁项目(2006—2008年)。为提升冲之鸟礁的魅力和价值,并促进其利用,东京都在冲之鸟礁设置了浮鱼礁并在其周边海域进行了调查和监视活动。例如,2006年为人工制造出鲣鱼、金枪鱼渔场,在冲之鸟礁的周边5千米—10千米的范围内设置了水深为1550米—2800米的三维大水深层中层鱼礁;同时,于2007年2月制造了新"兴洋"号,以负责自小笠原到冲之鸟礁海域的渔业调查指导工作,并期望它能调查和监视冲之鸟礁周边海域和海山的渔业资源开发活动。此后,在2007年,为检查鱼礁的效果,于2007年4月、6月和10月进行了渔业捕获量调查活动,并取得了一定的效果,特别是在2007年6月的调查活动中,捕获了多数的黄肌金枪鱼。

第二,制作冲之鸟礁影像资料(2006—2007年)。以前水产厅渔港部长坂静溢郎夫妇的捐款(1亿日元)为基础,开始制作冲之鸟礁影像资料。自2006年起设立了专门委员会,在2007年制作了以让东京都的住民和国民增进对冲之鸟礁的理解为目的的影像资料。具体分为:主题各异的DVD6卷(每卷30分钟);纪录片(《奇迹之岛:"冲之鸟岛"》);普及性的DVD4卷(每卷10分钟);电影(100分钟)和照片(2万张)。这些影像资料均配置在东京都市民信息室、东京都图书馆、东京都内公立图书馆,可以自由阅览。同时,普及性的DVD内容分为一般住民用的(《冲之鸟礁的概要与可能性》)、旅游用的(《欢迎来到最南端的岛屿》)、教育用的(《"冲之鸟岛"的秘密》)及教育机构用的(《在"冲之鸟岛"生活的生物》)四种,可见,其目的性是很明确的,反映了制作者的态度与立场。

东京都在冲之鸟礁的两种应对措施，包括推进活用冲之鸟礁的项目，目的是利用其周边海域，与国土交通省和水产厅的做法不同，具有独特性。特别是，其着眼于提升冲之鸟礁品牌，关注其独特的经济活动，此与海洋政策研究财团研究的部分内容相关联。

另一方面，东京都通过制作冲之鸟礁的影像资料，让住民广泛地知悉冲之鸟礁的存在。无疑，主题各异的DVD、纪录片、普及性的DVD，以及电影和照片任一资料，对于东京都住民和国民增进对冲之鸟礁的理解有一定的作用；同时，研讨会、演讲会或品尝冲之鸟的鱼类等活动，也进一步提升了普及效果。

尽管日本在对待冲之鸟礁的问题上采取了一系列的政策和措施，但日本不能回避冲之鸟的资格问题，即冲之鸟是礁还是岛的问题。

(三) 从国际法审视冲之鸟的资格问题

笔者认为，与冲之鸟有关的国际法问题包括以下两个方面：

第一，冲之鸟是否为《联合国海洋法公约》第121条第3款所指的没有专属经济区和大陆架的"岩礁"？从我国政府发表的立场上，可以看出，冲之鸟是岩礁，而不是岛屿，同时，其也无法维持人类居住或其本身的经济生活，所以，根本无法主张专属经济区和大陆架。

第二，针对冲之鸟的防护工事是否违反《联合国海洋法公约》第121条第1款所指的"自然形成的陆地区域"的规定？尽管日本采取人工的措施和方法，试图不让冲之鸟下沉或淹没于海面下，但依然无法满足自然形成的陆地区域的岛屿的属性或要件，因为，岩礁是岛屿的一种特别形态，即使是岩礁，也必须符合岛屿的要件，即四面环水并在高潮时高于水面的自然形成的陆地区域，所以，它不是岛屿，只是岩礁。

应指出的是，《联合国海洋法公约》的岛屿制度虽然已经形成，但存在一些缺陷，例如，缺少对岩礁的定义，对相关术语存在不同的解释和争论。总的来说，国际社会对于岛屿制度的解释存在不同的学说和国家实践，目前还未形成通说，有待于众多的国家实践和国际判例依据呈现的标准或者通过制定新的条约，包括修改《联合国海洋法公约》关于岛屿制度的内容，明确其规范及其解释。

三、冲之鸟对我国的影响及对策建议

"冲之鸟"位于我国台湾岛以东、琉球群岛以南海域，它实际上是一块珊瑚岩礁，在退潮时东西长4.5千米，南北宽1.7千米，周长约11千米，高潮时整个礁基本上都被淹没在海水中，只有"北小岛"和"东小岛"有两块小的礁石露出水面约50厘米。同时，由于冲之鸟礁周围有丰富的渔业资源和丰富的海底锰结核资源，所以，日本试图以冲之鸟为领海基点，扩大海洋范围，为此，日本出巨资加固，即在两块礁石四周构筑了一个直径为50米的圆形钢筋水泥防护设施，并建了一个高出海面约7米的海上观测平台，以避免其消失于水下，可谓"用心良苦"。日本提交的大陆架外部界限主张案就包含了以冲之鸟为基点的大陆架外部界限范围。

冲之鸟礁虽远离我国海岸，但对我国的影响严重。由于日本的无理先占它成了日本以此主张200海里专属经济区和大陆架的基点，这不仅严重影响各国在该公海海域的航行自由和海洋科学研究，侵害周边国家的海洋利益，特别损害了我国台湾渔民的捕鱼活动；而且在军事上对我国进出太平洋海域构成严重威胁，必须引起高度重视。

针对日本政府在冲之鸟问题上的立场和行为，笔者认为，可以从以下方面应对，主要为：

第一，以冲之鸟为基点主张专属经济区和大陆架，违反公平。因为，以冲之鸟为基点主张的专属经济区面积（约40万平方千米）远远地超过了冲之鸟的实际情况，并严重地损害了其他国家在此海域的航行和测量活动等利益，违反公平。

第二，对冲之鸟的工事，依然满足不了自然形成的陆地区域的要件。尽管日本政府出巨资强化了对冲之鸟的保护，包括构筑了钛制网、防波堤等，目的是避免其沉入水下，显然，这种人工方法的引入，依然改变不了其无法满足自然形成的陆地区域的要件。即冲之鸟依然是岩礁，而不能成为岛屿。

第三，日本试图通过调查冲之鸟周边海域的珊瑚生存环境，培养适合其生长的条件，并企图利用珊瑚的残片和有孔虫壳构筑洲岛，以满足所谓的经济生活的要件。对此，我国可以以培养和繁殖珊瑚、构筑诸如洲岛那样的人工设施等有损海洋环境，引发海洋污染为由，加以反对。

第四，加强对《联合国海洋法公约》岛屿制度的研究，并收集和研究其他国家的相关实践，以在制定包括修改《联合国海洋法公约》关于岛屿制度的协商、确立新规则的过程中，表明我国政府的立场和态度。

本文原刊于《上海法学研究》2010年第3期，收入本书时略做补充

Concrete Actions Needed to Rebuit Ties

The consensus reached by Chinese State Councilor Yang Jiechi and Japan's National Security Council head Shotaro Yachi on Friday in Beijing on the four principles for improving bilateral ties not only creates conditions for a meeting between the leaders of the two countries during the Asia-Pacific Economic Cooperation gathering, it also lays a solid foundation for the recovery of bilateral relations.

The content, meaning and significance of the four-point principled agreement on handling and improving the bilateral relations are:

First, both sides must abide by the principles and spirit of the four political documents between them, which have proven, through practice, to be the best means of handling the thorny issues in Sino-Japanese ties and the way to enhance trust to develop a mutually beneficial strategic partnership.

The four documents upgrade bilateral ties to a higher level, from good-neighborly and friendly relations, to lasting peaceful friendly relations, to cooperative partnership and a mutually beneficial strategic partnership.

These documents not only define the nature of Sino-Japanese relations, but also set up the basic principles for developing the bilateral diplomatic relations, such as anti-hegemony and the peaceful settlement of disputes.

The objectives of Sino-Japanese relations are peaceful co-existence, friendship from generation to generation, mutual beneficial cooperation, and common and peaceful development.

Second, both countries reached consensus on overcoming political obstacles with the spirit of "facing up to history for the future". This is an important guarantee for a correct understanding of history, which is indispensible for mending bilateral ties. It is undeniable that visits to the Yasukuni Shrine by Japanese leaders have been a major factor behind the worsening of Sino-Japanese relations. And past experience indicates if there is no coordination, understanding, or political mutual trust between the two countries, they cannot abide by the political foundations and any improvement in bilateral relations is out of the question.

"Facing up to history for the future" means verifying the truth of the history and focusing on the fundamentals of the issues. The four political documents that promote the normalization of bilateral diplomatic relations attach great importance to respect for historical truths and the peaceful solutions to the disputes and issues between the two countries.

Third, consultation and communication on the basis of equality and establishing a mechanism to control and manage maritime and aviation security in the East China Sea are the pragmatic way to solve disputes such as the Diaoyu Islands issue, suspend and quiet down controversies, and improve bilateral ties.

Both countries agree that they have different proposals to ease the tension that has evolved around the Diaoyu Islands in recent years. But importantly, both sides agree to prevent the situation from worsening through dialogue, constructive crisis management and a control mechanism. These are essential measures for maintaining maritime and aviation security in the East China Sea, and they should be implemented as soon as possible.

The Japanese government's denials of a dispute over the Diaoyu Islands and the two countries' early consensus to "shelve the dispute" are the main barriers hindering a solution to the Diaoyu Islands issue. The Japanese government's "nationalization" of the Diaoyu Islands was the starting point of a tit-for-tat escalation of frictions and tensions.

Hopefully, the consensus that has been reached can lead to concrete dialogue and negotiation on the Diaoyu Islands issue and promote the formation of a security mechanism for maritime and aviation security in the East China Sea.

Fourth, it will take time to translate the consensus into action. It is unrealistic to expect a quick recovery of Sino-Japanese relations. That's why the two countries have agreed to use multilateral channels to reboot their political, diplomatic and security dialogues.

China and Japan need to create more opportunities and conditions conducive to fruitful political, diplomatic and security dialogues, as most of the two countries' divergences and disputes concentrate in these three areas. Dialogues in these areas, if well conducted, can gradually expand to other fields, such as history, culture and the economy.

The APEC meeting in Beijing is an important chance for leaders from China and Japan to rebuild their political mutual trust. Should Japanese Prime Minister Shinzo Abe meet Chinese President Xi Jinping, they will probably mention that the two countries should come back to the original point of strategic mutual beneficial bilateral ties, and construct a maritime liaison mechanism to prevent accidental sea or air incidents in the East China Sea.

Implementing the four principles with concrete actions, especially those aimed at solving key and sensitive issues, is the crux for the recovery of Sino-Japanese ties. Only when China and Japan make joint efforts in the same direction will they put bilateral ties on the right track.

本文原刊于《中国日报》2014年11月10日，第8版

中日处理和改善两国关系四点原则共识评价

2014年11月7日，中国国务委员杨洁篪和日本国家安全保障局局长谷内正太郎分别代表两国政府，就处理和改善两国关系达成四点原则共识。其不仅为中日两国首脑在亚太经合组织（APEC）会议上的直接会谈创造了条件，也为恢复和发展中日关系提供了重要基础，得到国际社会的积极评价，包括美国国务院的正面评价和欢迎，所以有必要论述中日两国就处理和改善中日关系达成的四点原则共识的内容、意义及作用。

第一，坚持中日四个政治文件的原则和精神，是稳固和发展两国关系的重要政治基础，必须切实遵守，不容恶意践踏。因为它是经过实践证明处理和改善中日关系尤其是充实和发展战略互惠关系的基石。从中日四个政治文件的内容、原则和精神可以看出，它们是根据形势发展和需要不断地推进和提升的，即由发展两国的睦邻友好关系，建立和发展两国间持久的和平友好关系，到建立致力于和平与发展的友好合作伙伴关系，进而上升为全面推进中日战略互惠关系；它们不仅确定了中日关系的基本定位，即中日关系对两国都是最重要的双边关系之一，而且确立了处理和发展中日关系的基本原则，如坚持反霸原则，和平解决争端原则等，以实现和平共处、世代友好、互利合作、共同及和平发展目标，为亚太地区及世界的和平、稳定与发展做出贡献。

第二，双方同意本着"正视历史、面向未来"的精神，就克服影响两国关系的政治障碍达成共识，这是正确看待历史问题、处理和改善中日关系的重要保障。不可否认，日本政府领导人参拜靖国神社是使中日关系严重恶化和倒退的主要政治障碍，如果两国就此问题无法妥协，无法确立政治互信，则中日关系的政治基础就无法得到确立和遵行，进而两国政治关系也无法得到恢复和发展。这也是得到实践证明的正确结论。"正视历史、面向未来"的要点为"正本清源、标本兼治"，即需要恢复事物的本来面目，回归问题的本质，确认中日邦交正常化以来的四个政治文件的原则和精神，特别应以"以史为鉴、求同存异、世代友好"的宗旨和精神处理与发展中日关系，利用和平方法解决双方之间存在的分歧和对立问题。

第三，通过平等协商和沟通等手段应对与处理诸如钓鱼岛等重大敏感争议问题，包括构筑管控东海海空安全机制，是延缓和平息两国争议、恢复和改善中日关系的现实需求，切不可延误时机和停滞发展。为此，中日处理和改善两国关系原则共识指出，双方认识到围绕钓鱼岛等东海海域近年来出现的紧张局势存在不同主张，同意通过对话磋商防止局势恶化，建立危机管控机制，避免发生不测事态，这无疑是保障东海海空安全的必要举措，值得坚持和大力推进。众所周知，日本政府否定钓鱼岛存在争议、否认"搁置争议"共识的存在，是中日两国长期以来无法解决钓鱼岛问题的主要障碍，尤其是日本政府"国有化"钓鱼岛行为加速了中日关系的严重对立和对抗，所以，中日处理和改善两国关系四点原则共识达成后，可以期待中日两国今后将就钓鱼岛问题的本质，包括双方的主张和立场，并就构筑东海海空安全机制进行实质性的对话和磋商，以确保重大敏感问题的缓和与解决，为中日关系的健康稳定发展做出贡献。

第四,中日两国关系的全面恢复和发展,并不能一蹴而就,需要一定的时间和可行的途径,对此必须有清醒的认识。为此,中日处理和改善两国关系原则共识指出,双方同意利用各种多双边渠道逐步重启政治、外交和安全对话,努力构建政治互信。也就是说,中日双方主要将在政治、外交和安全领域创造多种条件展开对话,以就重大敏感问题达成理解和共识、提升双方政治互信为目标,进而改善和发展中日两国关系。应该说,这是可以实现并且是一个可行的路径选择,因为当前中日两国在政治、外交和安全领域上的对立和分歧最为严峻和关键,这些领域是需要优先通过对话磋商解决的事项,进而再延伸或扩展到其他领域,例如,历史、文化交流和经济合作等领域,以实现全面推进中日战略互惠关系目标。

不可否认,本月在北京举行的APEC会议是两国政府领导人重启政治互信的重要机会,所以,日本政府领导人安倍晋三在会见中国国家主席习近平时,将会再次提出两国应回到战略互惠关系原点并推进合作发展、为预防东海海空偶然性冲突构筑海上联络机制的重要性等内容,以进一步确认新近达成的中日处理和改善两国关系四点原则共识内容,以恢复和发展中日关系。

尽管中日两国政府代表已就处理和改善两国关系达成了四点原则共识,不仅再次确认了中日战略互惠关系的基础,而且特别就重大敏感问题达成了通过对话磋商防止局势恶化,并建立危机管控机制的意愿;也明确了利用双多边渠道逐步重启对话,努力构建政治互信的途径和目标。这些均是值得肯定的事项,其不仅是双方对话和磋商重大敏感问题的基本前提,也是处理和改善两国关系的必要保障,但问题的关键在于两国政府应切实履行四点原则共识的内容,包括以实际行动处理重大敏感问题、平等地倾听中方的合理诉求与关切，努力构筑政治互信，这样才能逐步推动两国关系走上良性发展轨道，这尤其需要双方相向而行，否则，中日关系依然脆弱和严峻，两国间存在的重大敏感问题依然复杂而危险。总之，双方均应努力地遵守和实施四点原则共识的内容和措施，这样才能真正地处理和改善中日两国关系，并推进中日战略互惠关系。

本文为原刊于《中国日报》2014年11月10日，第8版

前景迷茫的日本积极和平主义政策

日本安倍政府为实现"经济再生"和"外交再生"目标，不仅提出及实施了安倍经济学（大胆的金融政策、积极的财政政策、经济结构改革战略），也提出了积极和平主义（Proactive Contribution to Peace）的外交政策并努力推进，以扭转日本在外交特别在领土问题上的不利局面。日本积极和平主义外交政策在今后相当长时间内，将成为日本外交的优先方向，具有战略性、长期性和综合性的特征，但其推进和实施主要取决于日本的经济和政治安全环境。

一、日本提出积极和平主义政策的背景及概念

（一）国际背景。日本认为，美国"亚太再平衡战略"出台和实施以来，朝鲜的核试验和导弹发射；所谓中国"进出"海洋活动的增加，包括东海防空识别区的设定和管控，中日战机异常接近事件（2014年5月24日，6月11日），中国军事发展高速及不透明性；俄罗斯利用力量改变现状，包括将克里米亚并入俄罗斯领土（2014年3月18日）；以及其他非传统安全威胁的增加，例如，埃博拉疾病等，是使日本周边安全环境严峻的重要因素，损害日本的长期利益。

诚然，自冷战结束以来，国际政治格局呈现多极化、"无极化"的

发展趋势，由于美国受到财政危机困扰，影响其国防预算而使实力相对下降，出现权力"真空"和"转移"，使得中俄的影响力上升，从而使日本有强化自力保卫的必要，以应对所谓的"国际威胁"，避免损害日本的利益。为此，日本仅维持自国的经济发展、确保安全的政策，即确保一国自身的和平政策，已无法适应新的国际态势，尤其需要在安全保障问题上做出调整和改善。

（二）国内背景。由于多年来日本政局不稳定，即所谓的"十年九相"现象，经济出现连续20年的"低迷"，消费税的增加，福岛核泄漏事故的处理及环境改善进程延滞，以及日本在领土问题上的外交困局等因素，国民期盼日本出现强有力的政治人物、威权的政府，以便再生日本。在这种背景下，安倍的强势出现不仅迎合了这些需求，包括获得了国内高支持率，扭转了国会参众两院的不正常现象，也使安倍经济政策和外交政策有了出台及实施的可能性。如上所述，安倍政权的政策重点是经济再生和外交再生，目标是实现正常化国家，包括成为政治和军事大国，试图摆脱战后国际秩序对日本的约束。为此，日本安倍政府在外交上提出了积极和平主义政策。

（三）积极和平主义概念。"积极和平主义"术语由安倍首相于2013年9月12日在首次讨论国家安全保障战略的专家座谈会上提出，即要求从"基于国际协调的积极和平主义"立场出发，讨论日本的安全保障战略，并在9月26日的联合国大会上、10月15日的临时国会演说中再次提及。当然，安倍政府提出的积极和平主义政策，也受到日本国际论坛政策建议书的启示和影响，即2009年10月22日，日本国际论坛提出了题为《积极和平主义与日美同盟的应有姿态》第32号政策建议书。此政策建议书指出，迄今的日本和平主义是一种只要日本不成为加害者即可的和平主义，但进入21世纪以来，国际局势发生了很大的变化，日本的和平主义理念或政策应该升级,即建议将原来日本的"消极和平主义"、"被动和平主义"转为新的"积极和平主义"、"主动和平主义"。

在日本新的国家安全保障战略中,积极和平主义明确地成为国家安全保障战略的基本理念。它是指日本继续坚持走和平发展道路,作为国际政治经济体系的主要成员,从基于国际协调/合作的积极和平主义的立场出发,以持续地实现日本国家的安全、亚太区域的和平与安定,确保国际社会的和平、安定及繁荣,积极地做出日本的贡献为目标。即在国际社会的和平与安全中,对所谓的国际公共产品,日本积极地予以维持和确保的政策。换言之,为更有利地发挥日本在国际社会中的责任和作用,在美国的防卫和保护下,仅专注于经济发展的形式在国内很难获得支持,也不符合国际社会发展态势的要求。

应该说,第二次世界大战后,日本坚持走和平发展道路,包括自20世纪50年代以来,着力在政府开发援助(ODA)方面采取措施,为区域(尤其是亚洲和非洲)的安全及发展做出了贡献;1992年以来,参加联合国维和行动;在20世纪90年代后期提出了"人类安全保障"的概念,并于1998年在联合国设立了"人类安全保障基金";1992年制定了《国际和平合作法》,2001年制定了《反恐特别措施法》,于2003年制定了《伊拉克特别措施法》,以及在2009年制定了《应对海盗行为及处罚法》等,即坚持了"专守防卫"的政策,所以,即使在战后日本和平外交的过程中,也存在采用积极和平主义政策的事例,以应对各种复杂的安全保障环境。也就是说,日本认为,仅专注于一国经济的发展,维持一国的和平,既不能适应当今国际局势,不能确保国际社会的和平与安定,也不符合国民的期盼,所以,需要修改以前的外交政策,特别应履行积极和平主义的政策,以确保多数国家的和平与安全,实现区域乃至世界的和平、稳定与发展。

二、日本实施积极和平主义政策的基础及具体措施

为加强日本安全保障能力，并强化作为安全保障核心的国家安全保障会议（NSC）职权，日本提出了积极和平主义的基本方针，以寻求国民及国际社会的理解，制定了《国家安全保障战略》（NSS），而为实现上述目标在安全防卫领域必须准备和完善必要的武装手段等基础，日本重点修正了《防卫计划大纲》，通过了《防卫装备转移三原则》和解禁集体自卫权的内阁决议。

（一）国家安全保障会议。日本依据《国家安全保障会议设置法》（2013年11月27日）设立了国家安全保障会议（2013年12月4日）。国家安全保障会议是审议与国家安全保障有关政策的机构。其职权为：在必要时能对国家安全保障问题阐述意见，特别能对内阁总理大臣的咨询事项发表意见和建议；也能对武力攻击事态以及其他紧急事项，向内阁总理大臣做出迅速及合理地应对必要事项措施的建议；而与国家安全保障有关的外交和防卫政策基本方针，由作为议长的内阁总理大臣、作为议员或成员的外务和防卫大臣及内阁官房长官共同做出决定，以及时有效处理外交、防卫上的各种问题。国家安全保障会议事务由参考美国、英国的国家安全委员会那样的国家安全保障局承担。

此外，国家安全保障会议在审议和讨论国家安全保障事项时，必须遵守《特定秘密保护法》（2013年12月6日制定，2014年12月10日起施行）规定的守秘义务。即除国家安全保障会议的议长、议员以及其他专业经验者外，作为副大臣代行职务者、出席会议的相关人员，以及应对事态专门委员会的委员长和相关经验者等，不得向外界或其他人员泄露与履行职务有关的秘密信息。鉴于《特定秘密保护法》有可能损害国民的知情权和新闻自由权，所以，应对涉及秘密内容的指定工作予以管

理，即需要设立对指定的特定秘密内容进行管理的行政机构（如独立公文书管理监督委员会），以界定"秘密事项"的范围，为此，日本政府于2014年10月14日出台了《特定秘密保护法的运用基准》。在此《运用基准》中，列举了在外交和防卫上可作为秘密指定对象的55个项目，并同意在《特定秘密保护法》施行5年后可修改该运用基准。

（二）国家安全保障战略。《国家安全保障战略》（2013年12月17日）是日本首个由内阁决议、国家安全保障会议的决定通过的，规范国家安全保障政策基本方针的文件。《国家安全保障战略》指出，日本所处的安全保障环境更为严峻，问题更为复杂，为丰富和持续地发展和平社会，从长期维护国家利益的角度出发，日本有必要从"积极和平主义"立场采取战略性步骤，为区域乃至世界的和平、安全和繁荣做出贡献。

为实现《国家安全保障战略》中规定的目标和任务，日本内阁于2014年4月1日通过了《防卫装备转移三原则》及其运用指针，于2013年12月17日修改了《防卫计划大纲》。《防卫装备转移三原则》的通过，标志着日本有条件地推翻了自1967年以来日本政府慎重处理"武器出口三原则"的基本见解。《防卫计划大纲》于2010年12月制定，安倍政府认为，现今日本的安全保障环境已更为严峻，所以应根据《国家安全保障战略》重新制定《防卫计划大纲》。

在新的《防卫计划大纲》中，对于日本今后的防卫力量，规定了构筑"综合机动防卫力量"的目标，以通过综合运用各种活动，机动和快速、有效地应对各种危机和挑战，为此，需要在硬件和软件方面重视快速性、持续性、强劲性和连续性。《防卫计划大纲》的主要内容及基本方针为：第一，日本自身的努力。包括构筑综合性的防卫体制；日本的防卫力量应对向综合机动防卫力量转移。第二，强化日美同盟。包括强化日美同盟的威慑力和应对危机的处理能力；扩大合作领域；切实推进在日美军驻留的相关政策和措施。第三，积极推进安全保障合作。包括在亚太区域的合作，与其他国家和国际组织等的合作。

(三) 解禁集体自卫权的内阁决议。2014年7月1日，日本内阁通过了解禁集体自卫权的决议。此内阁决议是在吸纳《安全保障法律基础再构筑恳谈会研究报告》内容的基础上做出的。"安全保障法律基础再构筑恳谈会"于2007年5月在安倍第一次执政时设立，主要任务是研究"四种类型"的案例，以分析日本能否在《联合国宪章》和《日美安保条约》制度下适用集体自卫权问题。该"恳谈会"于2008年6月提交了研究报告。该研究报告在结论部分指出，现行《自卫队法》等法律中认可的个别自卫权、警察权等，已无法应对上述"四种类型"的案例，而为使日本能行使集体自卫权及参加联合国集体安全保障活动，应变更《宪法》的解释，但《宪法》解释的变更，日本政府只要通过政府合适的解释即可，无须修改《宪法》条款。

安倍第二次执政后，于2013年2月重启了"安全保障法律基础再构筑恳谈会"，指示该恳谈会继续研究日本安全保障的法律基础，即要求审议具体的行动，分析《宪法》应有解释的背景、《宪法》解释的内容，以及探讨完善国内法制的步骤和方法。为此，由13人组成的上述"恳谈会"经过7次会议的密集讨论，于2014年5月15日提交了最终研究报告。研究报告在结论中指出，对于个别自卫权的行使，从历次经验看，日本政府并不是通过修改《宪法》，而是通过整理《宪法》解释加以承认的，所以，容许日本可行使集体自卫权，也只要通过政府合适地、明确地做出新的《宪法》解释即可，没有必要通过修改《宪法》条款完成。

2014年7月1日，日本内阁通过了《为确保国家存亡和保护国民而无缝地完善安全保障法制》的决议，即解禁集体自卫权的内阁决议。其规定了日本完善新安全保障法制的基本方针，指出了日本完善安全保障制度相关法制的基本方向。在上述内阁决议中，对于具体的基本方针，主要包括以下四个方面：

第一，应对未成为武力攻击侵害活动的方针。日本的相关机构应根据其任务和权限，予以紧密的合作应对，包括强化日美同盟。具体是指，对应对侵害活动的要领予以探讨和完善，快速完善发出命令的程序，完善使用武器等的相关法律，即所谓强化相关机构间的"无缝合作"。

第二，为国际社会的和平与安定做出更大贡献的方针。对于"后方支援及与行使武力的一体化"问题，日本认为所谓的"后方支援活动"本身并不属于"行使武力"的活动。因为，成为日本支援对象的其他国家的军队，如其"还在进行战斗行为的现场"，则日本不实施支援活动；假如日本在实施支援活动的场所变成了"进行战斗行为的场所"，则日本应迅速停止或终止正在实施的支援活动。而对于在国际和平活动中的"武器使用"问题，除了在不变成"行使武力"的国际和平活动中的武器使用，所谓的"应急警卫"中的武器使用，以及"为履行任务可使用武器"外，对依据所在国的同意而救助日本人等的不引起"行使武力"的警察活动，应该被许可，所以应完善相关法律制度。

第三，针对《宪法》第9条下被许可行使自卫措施的方针。（1）以往政府针对《宪法》第9条基于伦理框架内做出解释的基本见解，是为守护国民的生命及和平的生活而得出的伦理上的结论。（2）为维持日本自国的和平与安全，确保国家生存，《宪法》第9条并没有禁止采用必要自卫的措施，此基本伦理在《宪法》第9条下今后仍应被维持。（3）并不限于只对日本发生武力攻击。当与日本有密切关系的国家遭到武力攻击,且其威胁日本的存亡,最终明确存在颠覆日本国民的生命、自由及追求幸福的权利时,为排除这种危险状况,保全国家、守护国民,且没有其他合适的手段时,日本行使必要的最小限度的武力,即基于伦理而由以往政府做出的可以采取自卫措施的见解,应被认为在《宪法》上是容许的。(4)行使武力应包含对他国发生武力攻击,所以,应在《宪法》上首次认可为了保卫日本、作为没有其他办法而采取的自卫措施。(5)并不仅对日本,当他国遭到武力攻击,为行使《宪法》上许可的"武力行使"并命令自卫队出动时,与政府在现行法令中规定出动防卫力量的手续一样,原则上应在法案中明确规定事先获得国会认可的内容和程序。

第四,提出了完善日本国内安保法制的方向及步骤。作为政府,应在上述基本方针下,为坚守国民的生命及保护和平的生活,开始"无缝地"(seamless)应对所有事态的法案制定工作,在进行充分的讨论和准备后,向国会提出,并由国会进行审议。

从形式上看,日本实施积极和平主义政策的核心决策机构、安全保障战略和政策目标、具体措施包括相关安保法制的基本方向已完成并确立。

三、日本推进积极和平主义政策的障碍及问题

不可否认,日本安倍政府利用国民的高支持率、依靠联合政府在国会两院中的多数,鼓吹所谓的"中国威胁论",并在美国的容许下,基本完成了安全保障体系,以推进和实现积极和平主义政策目标。但在具体推进上述政策和措施时,依然会遇到一些障碍或问题。主要为:

(一)安保决策的透明度与公正性问题。如上所述,国家安全保障会

议是审议国家外交和防卫政策的核心机构，审议事项如何确保公正和透明，并获得国民的理解，是一个重要的问题。《特定秘密保护法》第1条规定了该法设立的目的，随着国际情势的复杂化，确保日本国家及国民安全的情报的重要性相应地增加，同时，随着社会信息化及装备技术的发展，其泄露的危险性增加，所以，有必要保密与日本的安全保障有关的情报。为此，应在确立合适体制的基础上，对这些情报予以收集、整理以及活用，通过规定保护情报、指定秘密，以及限制相关人员职权等方面的必要事项，以求防止泄露，进而确保日本国家及国民的安全。第2条规定，行政机构或机关大臣对未公开并与本机关职权有关的情报，如果认为其泄露将严重影响日本的安全保障问题，则可将特别需要保密的内容指定为特定秘密情报。第4条规定，行政机关大臣所指定的特定秘密内容的有效期为，自指定日起不超过5年；如有必要，则可延长，但不能超过30年；如存在明确必要理由，并得到内阁的承认后，则可超过30年，但最多为60年。

鉴于行政机关大臣利用职权的任意性、缺乏合理性，并有可能滥用指定特定秘密情报的职权，所以，在2014年10月14日的内阁会议上通过了《特定秘密保护法的运用基准》。该《运用基准》明确了指定特定秘密的行政机关（19个），并列举了在外交和防卫上作为指定对象的55个项目。同时，规定《特定秘密保护法》在施行5年后将修改《运用基准》。此外，该《运用基准》同意成立独立公文书管理监督委员会，其可要求各机关大臣提出及解除所指定的特定秘密，但大臣们对此也可予以拒绝。所以，依然存在上述独立机关检查职能低弱的缺陷。

（二）解禁集体自卫权内阁决议的主体适格性问题。日本针对集体自卫权的讨论，源于1960年《日美安保条约》修改之时。日本政府在言及《宪法》前言及第13条后指出，为维持自国的和平与安全，保全国家的生亡，可采取必要的自卫措施，这种措施应限于必要最小的范围，而在行使集体自卫权方面《宪法》并未许可。换言之，在日本《宪法》下，容许行使武力只限于日本应对遭遇急迫、不当的侵略，因此，阻止对他国的武力攻击为内容的所谓集体自卫权，在《宪法》上未被容许，这是政府的基本见解。

"安全保障法律基础再构筑恳谈会"从对《宪法》的特质和国际情势变化的必要性出发，认为在众多领域为应对各种事态，日本如果依然对个别事件采取整理《宪法》解释及新的个别政策的立法措施的话，就无法适应快速变化的规模和速度。而为维护日本的和平与安全，实现区域及国际社会的和平与安定目标，《宪法》解释已不能充分地适应当前态势，从而得出了日本并不需要修改《宪法》条款，只要修改《宪法》解释即可行使集体自卫权的结论。为此，日本内阁于2014年7月1日，通过了修改集体自卫权的决议。

但一直以来，日本的《宪法》解释是由内阁法制局做出的，从而保持了《宪法》内针对自卫权解释的连续性、稳定性及权威性。即内阁法制局做出的针对《宪法》解释的意见，政府将其作为一种有权的或权威的解释来对待；而针对《宪法》第9条的政府解释，亦来源于内阁法制局的解释，就出于此原因。这次由安倍内阁做出的扩大自卫权的解释，即试图在不修改《宪法》条款的基础上，扩大自卫权中容许必要的最小限度行使集体自卫权的解释，为今后的其他内阁扩大解释做出了先例，进而会出现无法控制的局面。也就是说，使内阁具有了任意解释自卫权的权限。从这个意义上说，此次内阁做出的解禁集体自卫权的解释具有主体并不够格的嫌疑。

当然，尽管上述内阁决议决定在不修改《宪法》条款、重新解释《宪法》的情形下，日本可据此行使适度的集体自卫权，即扩大自卫权的解释，但日本仍面临如何区分《联合国宪章》内的集体自卫权和个别自卫权的问题。此外，尽管内阁决议就集体自卫权做出了适度的放宽，但真正要行使集体自卫权仍需要法律的修正和完善，否则无法行使，因此，在内阁决议中做出的修改完善相关安保法制的基本方向，更应是我们关注的重点内容。

(三)日本修改完善相关安保法制基本方向。2014年7月1日通过的日本内阁决议指出，不限于仅对日本遭到武力攻击的情形，当与日本有密切关系的国家遭遇武力攻击，进而威胁日本的存亡，明确存在最终将颠覆日本及危害国民的生命、自由及追求幸福的权利，并为排除威胁，保全国家的存在、守护国民，没有其他合适的手段时，日本可行使必要的最小限度的武力。这可谓是日本解禁集体自卫权制定相关安保法制的基本方向或基本方针。

鉴于当前日本部分国民及其他国家反对日本的新安保政策，尤其是重新做出《宪法》关于集体自卫权的内阁解释，加上日本经济依然难以再生的局面，相关安保法制的修订工作将于2015年4月起在国会审议讨论。可以预见，日本修订相关安保法制的基本做法，主要为以下三种情形。第一，制定一部综合性的安保政策法。即将日本的新外交政策、防卫政策、海外活动等内容纳入一部法律，以综合规范日本的安保政策。尽管这种方法最为理想和高效，但成功的可能性不大。因为日本依然存在和平的力量，阻力很大。第二，修改相关安保法制的内容，并单独制定一部海外活动法。考虑到"行使武力"的解释已有适度的放宽，所以，应修改先前的限制"使用武力"的部门法规，例如，《自卫队法》《警察法》等，以适应新的基本方针之要求。同时，为体现积极和平主义政策的要求，制定一部自卫队可广泛参加海外活动的法律，也是做法之一。第三，按照各个事态继续单独制定法律。即根据国际事态的发生和发展，制定单个的特别措施法，以扩大自卫队的支援活动范围及参与其他活动。也就是说，按照先前的做法，制定单独的诸如《特别措施法》等。这是最容易且也易成功的做法。日本最终采用何种方法修改和完善相关安保法制，主要取决于日本国民的理解和支持，尤其是各党派之间在国会的较量，所以需要持续关注。

（四）日美修订防卫合作指针问题。日本认为，为推进积极和平主义政策的实施，重要的途径之一为强化日美同盟。而日本修改《日美防卫合作指针》（1997年）的建议，不仅得到了美国的认可，而且在日美安全保障协议委员会（"2+2"）共同发表的《面向更有力的同盟及共有更大责任的文件》中得到确认（2013年10月3日）。其规定，两国同意修改1997年的《日美防卫合作指针》，并指示防卫合作小委员会在2014年底完成作业。为此，日美两国于2014年10月8日提交了《修改日美防卫合作指针的中间报告》。日美修改防卫合作指针并提交中间报告的背景，是为应对所谓的中国快速地"进出"海洋，朝鲜的导弹发射，美国重视亚太的战略，以及为实现日本积极和平主义政策服务的。日美修改防卫合作指针的目的是进一步扩大日本自卫队对美国的全球支援和合作活动，加强自卫队与美军间的无缝合作，从"平时"到"有事"的无缝合作。但由于驻日美军基地搬迁问题，包括能否向冲绳内的边古野区域移转，在现冲绳新知事的反对下，依然存在很大难度，为此，我国应特别关注《日美防卫合作指针》修订后的适用范围，即所谓的"周边事态"的范围。

（五）确保实施积极和平主义政策的资金问题。众所周知，实施积极和平主义政策的重要途径之一，为日本应加强与其他国家之间的合作，加强与国际组织之间的联系，而进行这些活动必须有一定的资金。在安倍经济学面临困难，尤其是消费税增加后，日本连续两季度

（2014年4—9月）经济的负增长，对开展积极和平主义政策将带来一定的消极影响。

一直以来，日本加强与其他国家、国际组织等的活动，多采用政府开发援助的政策。日本政府开发援助始于1954年，至2014年已达60年。迄今的日本政府开发援助，主要运用于三个方面：援助其他国家改善自身经济和生活基础上的活动；促进和改善持续性的经济成长环境；避免人类受到威胁、恐惧，享受具有尊严的生活，即所谓的"人类安全保障"支援。日本政府开发援助的重点区域为亚洲和非洲，目的是发挥日本的国际作用，创造和平的环境，包括改善其他国家的投资和生活环境，消除饥饿和贫困，以利于日本企业向外投资和输出产品及技术，为日本外交和国家利益服务。而实施政府开发援助的大纲首次于1992年制定，曾在2003年修改过。考虑到国际形势已发生了很大的变化，政府开发援助的功能和范围应做出相应的调整，为此，日本政府于2014年3月启动了修改政府开发援助大纲工作，并在日本外务省的主导下，成立了由8人组成的"有识者恳谈会"。其经过4次的审议和讨论，于2014年6月26日向日本外务省提交了修改《政府开发援助大纲》的建议书。内容包括以下方面：

第一，建议《政府开发援助大纲》改名为《开发合作大纲》。理由为，国际社会中开发援助的主体已不仅限于政府，其他主体（例如，银行、企业、非政府组织等）也成了援助的主体，所以仅有政府的主体显然已无法满足要求；同时，很多国家的要求并不限于援助，也需要投资，所以仅援助也不能覆盖和满足多个国家的要求和需要，为此，建议将《政府开发援助大纲》改名为《开发合作大纲》。当然，政府尤其是外务省仍应加强与其他援助主体间的合作关系，发挥主导作用。

第二，建议也可对用于"非军事目的"的军队予以支援。迄今，在日本的政府开发援助中,坚守了"非军事合作"的政策,但近年来,尤其在发展中国家,一些自然灾害的救助活动多依赖于军队,所以提出了也可向军队提供用于"非军事目的"活动予以支援的意见,但接受国政府必须做出支援仅用于非军事目的的承诺。

第三,建议细化政府开发援助的基准。由于发展中国家的情况多样、要求不一,建议一直以来采用的"依据人均所得判断援助"的标准,应该得到修改,新基准必须与接受国家的实际开发所需相结合,重点解决贫困、疾病医疗、教育、生活水准提升等方面的问题,并拓展国际问题合作领域,例如,气候变化问题,以用好有限的资金,为国际社会的发展做出贡献。

第四,建议尽力确保财源和获得国民的理解。日本曾设定了国民总收入(GNI)的0.7%用于政府开发援助的国际目标,但近年有下降的趋势,例如,2012年为0.17%,2013年为0.23%;同时,由于政府开发援助资金来源于国民的税收,所以需要得到国民的理解,才能确保甚至扩大援助的金额。此外,由于日本经济低迷,财政困难,如何确保援助的资金,也是应该重点考虑的问题。

这些建议性质的内容能否被日本政府所接受,仍有待观察,因为新的政府开发援助大纲需要通过内阁决议后才能确定和实施。

四、结束语

不可否认,日本积极和平主义政策的实施不仅需要稳定的环境,而且需要经济的有力支撑。由于安倍经济学的效果欠佳,日元贬值,日本的出口并未表现出明显的优势,因为产业已经向外转移,产品竞争力相对降低;相反,由于核电站的停止使用,极大地增加了能源及材料进口的成本；加上消费税的上调，严重地影响国内消费，使得2014年4—9月日本的国内生产总值出现负增长，严重地制约了实施积极和平主义政策的经济基础。同时，日本国内反对解禁集体自卫权的呼声较高；冲绳新知事的当选，影响驻日美军基地搬迁进程，进而影响日美同盟关系，也就是说，日本国内政治环境严峻。在这种情况下，日本安倍政府决定于2014年11月21日解散众议院，重新选举，希望自民党一党独大的优势能继续保持，进而延长其政治生命和执政期限。所以，日本积极和平主义政策的推进和实施也依赖政权的稳定和延续。换言之，日本积极和平主义政策前景依然迷茫。

本文原刊于《东方早报·上海经济评论》2015年6月2日，第B12版

日本《政府开发合作大纲》的内容和对中国的启示

日本自1954年起开始实施政府开发援助，并于1992年6月30日通过了《政府开发援助大纲》，以有效实施开发援助活动。

为切实推进"积极和平主义"外交政策，作为具体措施之一，日本政府于2015年2月10日通过了修订《政府开发援助大纲》为《政府开发合作大纲》的内阁决议，以加强对其他国家的支援，包括扩大支援的范围和力度，发挥日本的作用，力图确保日本的国际地位与影响力。

一、修订背景

日本自1954年起开始实施政府开发援助，并于1992年6月30日通过了《政府开发援助大纲》，以有效实施开发援助活动。此后，由于国际情势发生变化，尤其是受"9·11"事件的影响，国际社会的和平活动（维护和平、构筑和平、确保和平）成了新的开发活动的重要内容，发展中国家面临的各种深层次问题需要支援，所以要求政府开发援助发挥更显著的作用。

在这种背景下，日本于2003年8月29日通过了修订《政府开发援助大纲》的内阁决议，目的是提高这项援助的战略性、机动性、透明性和有效性，增加国民的参与力度，加深世界各国尤其是发展中国家对该援助的理解和印象,扩大日本政府开发援助的国际影响。

在政府开发援助迎来60周年的2014年,日本认为,国际社会已处于大的转型期。在新的时代,日本不仅应继续走"和平国家"的发展道路,更应基于国际协调主义,实施"积极和平主义"政策,为确保国际社会的和平、安定和繁荣做出更大贡献,并发挥主导作用。同时,为解决国际社会面临的各种问题,日本不仅需要加强与发展中国家之间的平等合作关系,更需要进一步充实政府开发援助活动,即需要强化日本政府开发援助的功能和作用。

基于这种考虑,2013年12月17日,日本内阁会议通过《国家安全保障战略》。该战略指出,为战略性地、有效地活用政府开发援助,应加强与国际组织、非政府组织之间的合作,以实现联合国"新千年开发目标",包括消除贫困、促进国际健康与教育,并加强水资源安全协调等。《国家安全保障战略》是指导日本政府开发援助的政策方针,依据该战略的要求,日本修订了《政府开发援助大纲》,并在内阁会议上通过《政府开发合作大纲》。

二、修订途径

尽管在2003年8月已修订《政府开发援助大纲》,但日本认为,国际形势又发生了很大变化,国内政治经济形势也已与以前不一样,所以,政府开发援助的功能和范围应做出相应调整。为此,日本政府于2014年3月启动了修订《政府开发援助大纲》的工作,并在外务省主导下,成立了由8位专家学者组成的"有识者恳谈会"。经4次审议和讨论,"有识者恳谈会"于2014年6月26日向外务省提交《修改政府开发援助大纲的建议书》。该建议书的内容基本得到采纳,成为新的《政府开发援助大纲》的主要内容。

"有识者恳谈会"建议书的内容主要为以下三个方面。第一，在名称上，建议将《政府开发援助大纲》改名为《政府开发合作大纲》，以体现支援主体多重性和援助多样化的现实。第二，有限制地支援军队救助活动，放宽一直以来坚持的"非军事合作"政策。即鉴于针对发展中国家的一些自然灾害的救助活动多依赖军队的实际，提出也可向救援军队提供用于"非军事目的"的支援，但接受支援的国家必须做出支援仅用于非军事目的的承诺。第三，细化开发援助标准。由于发展中国家情况多样、要求不一，建议修改一直以来所采用的根据人均所得判断援助的标准，认为援助标准必须与接受国的实际开发所需相结合，重点解决贫困、疾病医疗、教育和生活水准等方面的问题，并应拓展国际问题合作领域（如气候变化问题），以用好日本有限的资金。

三、内容要点

日本于2015年2月10日在内阁会议上通过的新开发援助大纲的全称为《政府开发合作大纲：为和平、繁荣，以及每个人更好的未来》。在此，"开发合作"的意思是指，以开发发展中国家区域为主要目的而由政府及其机构实施的国际合作活动。并且，这里的"开发"并非狭义，也包括构筑和平、治理、促进基本人权和人道主义援助等，所以是广义的"开发"。日本的《政府开发合作大纲》由理念、重点政策、实施三个方面的内容组成。

（一）理念。国际社会发生了前所未有的权力转移趋势，而全球化以及技术革新的快速发展，使国际经济活动持续扩大，相互依存加深，各种非国家主体的影响力加大，所以，构筑和平、安定与繁荣的国际社会,与日本的国家利益密不可分。同时,为发挥"积极和平主义"政策的作用,加强与包括发展中国家在内的国际社会的合作,共同解决世界面临的各种难题,需要各国的智慧和行动。这对确保日本的国家利益也是不可或缺的。

1.开发合作的目的。为实现和确保国际社会的和平、安定和繁荣,推进开发合作特别重要。因为通过合作,不仅能维持日本的和平与安全,更能实现繁荣、安定及透明的国际环境,进而为维护日本的国家利益做出贡献。

2.基本方针。第一,通过非军事合作为和平与繁荣做出贡献。第二,推进人类的安全保障。第三,重视受援国的自身努力。包括:重视发展中国家自身努力的自发性和自立作用;重视对方人员能力、经济社会基础设施的改善,对对方构筑自身努力和自立发展的制度建设予以重点支援;不仅要等待对方国家的申请和要求,日本也可主动提出开发援助方案。

(二)重点政策。从上述理念出发,重点合作针对以下问题。

1.通过高质量的增长减少贫困。针对脆弱国家,不仅要从人道的角度予以支援,也应实施摆脱脆弱困境的支援。为解决贫困问题,在支援提升人员能力、改善基础设施、完善法律和制度的基础上,通过民间部门的成长实现经济增长是不可缺少的。经济增长应该是"高质量的增长"(包容性、可持续性、强劲性),日本可通过利用经验、见识和技术予以支援;也应对确保经济增长的基础和原动力,以及支撑基础生活进而提升人类作用的开发活动予以支援。

2.共有普遍价值,实现和平而安全的社会。为实现由"高质量的增长"而带来的安定发展,必须保障每个人的权利,使人人能安心从事经济社会活动,使社会能公正而安定地运作。所以,应对为实现普遍价值,和平安定及安全的社会目标予以支援。所谓普遍价值,包括确立法律制度,实现良治,促进和巩固民主化,保障尊重包括女性在内的基本人权等;所谓和平、安定及安全的社会,是指构筑和平,实施紧急支援(灾害救助等),应对给安定和安全带来威胁的事项(海上保安、恐怖主义、维持治安、国际公共产品等)。

3.通过应对全球性的问题构筑可持续及强劲的国际社会。所谓的全球性问题,是指仅靠一个国家无法解决的问题。应充分考虑联合国"新千年开发目标",讨论2015年后的开发项目等,以实现整个国际社会的可持续及强劲发展。

此外,具体到各区域,应根据世界各地接受援助的必要性及其特性,战略性地、有效及机动地实施合作。应关注区域整合、区域层面的协调、大范围开发、强化联系等动向;对那些即使通过开发已获得进展,但仍面临各种开发难题的国家,以及人均所得已有一定水准的小岛屿国家等,由于其特别脆弱,应根据各国开发的必要性及负担能力展开相应的合作。

(三) 实施。为最大效果实现上述理念和推进重点政策,在努力有效推进开发合作的同时,必须充分考虑给该国家和社会带来的影响及合作的合理性问题。为此,在实施开发合作时应遵守以下原则。

1.有效推进开发合作。第一,强化战略性。包括:基于外交政策,制定开发合作的方针和目标;加强政府开发援助资金与其他资金的协调和合作,以提升乘数效应;实施政策和项目层面的评估,并在决策过程中合理反馈评价结果。

第二,强化日本具有优势的合作。包括:积极听取来自民间的建议;不限于基础设施建设等硬件方面,也应在系统、人员能力、制度建设等软件方面活用日本的见识和经验。

第三，积极参加国际讨论。包括：把握民主化的进程、法治及保障基本人权的状况；不使合作用于军事用途及加速国际争端。对不用于军事用途及加速国际争端的开发合作，尤其是在非军事目的的开发合作中，当有军队或军队人员参与时，应着眼于实质性的意义，对个别情况具体讨论；重视开发对环境和气候变化的影响；确保公正性和对社会弱者的兼顾；促进女性的参与；防止腐败；考虑相关开发合作者的安全。

2.实施体制。鉴于国际社会开发问题的多样性、复杂性和广泛性，以及与开发有关的主体及资金来源多样，政府不仅应完善开发合作的实施体制，也应努力强化各种联系，以持续增进实施开发合作的基础。

第一，完善实施体制。在日本实施开发合作的进程中，外务省承担了规划开发合作政策的协调作用，并承担了与其他相关机构间的联系。在继续强化外务省的这些职能的同时，不仅要与实施开发合作的机构加强紧密联系，也应不断明确它们的职责、责任分担，并持续努力地提升各种能力，完善体制并改善制度。尤其是，为提高日本的开发合作竞争力，应重点强化机动性、专门性、知识积累、调查研究能力、在外的适应能力，并进一步完善人才培育和紧急人道支援体制。同时也应关注企业、非政府组织、地方自治体、大学和研究机构，并发挥为与国民增进联系而设立在国内的国际合作机构的作用。

第二，强化联系。包括：（1）官民联系、地方自治体联系。具体为：吸收民间部门及地方自治体的资源，通过民间部门主导促进增长，推进发展中国家的经济发展并提升效果，进而与日本自身的强力增长挂钩；在推进官民联系时，利用民间部门的优秀技术、经验及丰富的资金，为发展中国家解决难题；也应加强与包括中小企业在内的企业、地方自治体、大学和研究机构等之间的联系。（2）在紧急人道援助、国际和平活动方面的联系。为进行紧急人道援助，应加强与国际组织及非政府组织等的联系，也应继续推进联合国维和行动。（3）加强与国际组织和区域组织之间的联系。

第三，强化实施的基础。为持续实施开发合作，应在资金及人力等方面强化必要的基础，并进行必要的努力，包括：公开信息、增进国民及国际社会的理解、推进开发教育、强化开发合作的人才和知识基础。

四、对中国的启示

从以上叙述可以看出，日本政府根据国际国内形势的变化和发展，为进一步发挥日本在国际社会实现和平、安定与繁荣方面的贡献和作用，特别是为确保国家利益，增进与其他国家之间的关系，改善日本企业在外国的投资环境，提升对日本人民的好感度，持续地采用了政府开发援助工作并适时地修订了基本政策和方针。这些做法对现今的中国具有一定的启示意义。

不可否认，中国已成为一个世界性大国，尤其在经济贸易方面，而如何发挥中国的大国作用，呼应国际社会的需求，承担中国的大国责任，是中国面临的重要课题之一。从日本政府开发援助制度的演进过程来看，笔者认为，其对中国的启示作用主要为以下方面：

第一，可制定中国的对外开发援助政策。为体现中国的价值和贡献，实现中国的外交和国家战略目标，中国设立诸如对外开发援助的政策和基本方针已刻不容缓，根据形势发展做出必要的修正和完善也十分必要，以提升战略性和有效性。在制定对外开发援助的政策和基本方针时，依赖中立、专业性的第三方机构组织起草方案和落实，是可以借鉴的一个方面，以确保专业性、独立性、合理性，消除国内部门利益突出的弊端，体现整个国家对外开发援助的意志和目标。

第二，在运作对外开发援助方面，可以设立专门的中国对外开发援助机构。对中国来说，对外开发援助的主要目的是树立和改善国家形象，做出中国发展将惠及世界各国尤其是将有益于发展中国家的社会经济环境的承诺，改善自国企业在外国的投资环境，加强人文交流活动，以增进中国与其他国家之间的理解和信任，实现国家的外交战略目标。所以，应由外交部统一协调管理对外开发援助活动，包括主导制定对外开发援助的政策和基本方针，协调与其他部门和投资者之间的关系等。同时，为实现这些目标，应设立一个具体实施的组织机构，如中国对外开发援助机构，以全面管理实施对外开发援助工作；也应不断创造条件，逐步在世界各地设立分支机构，以实质性地把握对外开发援助的动向和要求，进而为做出合理调整和补充提供指导，实现效果和效益最大化的目标。

第三，在实施对外开发援助的领域方面，应发挥中国的产业优势和对友好国家公共事业的援助。诚然，现今国际国内问题复杂、多样，各国需求不一，解决问题的难度极大，且各种问题具有关联性，所以需要中国的相关政府机构和国民共同努力，才能做好对外开发援助工作。为此，应从中国有特长、有优势、有把握和各地急需并有公益性的领域以及对中国对外关系的重要领域做起，待条件成熟后再逐步放开和扩大开发援助的领域和区域，即在制定对外开发援助的规划和重点时，应确立重点开发援助的领域和区域。同时，也要组织协调好各开发援助主体之间的关系，以确保统一性、合理性和有效性、责任性、可预见性，由此确保对外开发援助工作的可持续发展。此外，加强与发展中国家之间的人员交流活动，包括专业培训、管理培训、服务培训等，以提升受援助国家和地区的管理能力和水平，也不可忽视。

第四，在评估对外开发援助方面，应定期发布中国对外开发援助年度报告。在对外开发援助活动中,会遇到各种各样的问题和争议,所以应不断在事前、事中、事后进行充分评估,包括效果的评估、利益的评估、责任的评估、影响(社会影响和环境影响)的评估、能力的评估等,以逐步修正和完善对外开发援助的规划和制度,争取对外开发援助效益和效果的最大化和合理化。为此,应适时和定期发表对外开发援助的评估意见和年度报告,以提升对外开发援助工作的透明度、公正性和可预见性。

总之,中国的发展是大势所趋,中国的贡献包括协助提升处理各种问题的能力和责任。促进特别需要开发援助的国家治理能力和水平的提升,是世界尤其是多数发展中国家的极大期待。通过对外开发援助活动,不断发挥中国的作用,包括提供中国的智慧和发展经验,使中国的发展成果惠及世界各地,进而为中国的和平发展提供保障和基础,是中国的地位和责任所决定的,也可为不断提升国家治理体系及治理能力现代化提供保障和基础。

所以,应该运用国家的整体力量加以推进和落实中国的对外开发和援助。并且,待积累经验和业绩后,当适时制定具有法律拘束力的中国对外开发援助法,以固化对外开发援助的制度性功能,避免对外开发援助的任意性和不可预见性,为国际社会的和平、安定和繁荣做出贡献,增进世界各国尤其是发展中国家的治理能力和人民福祉。这是我们应该努力的方向和重要的任务。

本文原刊于《东方早报·上海经济评论》2015年9月8日,第B12版

中国限制公民赴日旅游措施分析及建议

——以南海安全情势为切入点

一、南海安全形势及问题的提出

近来，美国在南海区域不断加强了前沿威胁行动，严重损害中美关系及中国在南海的主权和安全利益。

日本在进一步完善日美安全保障体制包括修订《日美防卫合作指针》、通过日本新安保法制等的现实情形下，配合美国加强在南海的行动意愿日益高涨，包括提供后勤保障、信息和情报，加强联合演习和军事训练，参与南海巡航活动等，以为实质性地参与区域安全活动迈出步伐并形成先例。

此外，如果常设仲裁法院于2016年上半年做出关于南海问题不利于中国的裁决，则以美日为首的国家利用其在亚洲的军事基地，联合他国在南海海域逐步并常态化地展开所谓的"航行自由"活动将加强，使解决南海问题的前景更为艰难。

为此，如何让日本不参与或不实质性地参与以美国为首的南海巡航活动，是我国应该考虑的一个重要问题。

二、日本参与南海安全活动的目的

日本安全保障制度的完善，为自卫队参与区域和国际安全事务提供了条件和法理基础，为此，日本试图通过在南海问题上的出力包括支援美国和其他国家在南海的活动，增加中国在海洋上的困境，以减轻日本在东海问题上的压力，实现日本新安保法制的适用目的，进而为其鼓吹的积极和平主义外交政策目标服务。

换言之，日本将选择南海问题作为加强日美同盟、适用新安保法制的可能性极大。具体的参与方式为，将在美国的邀请或支持下，伺机逐步积极地参与以美国为首的南海巡航活动、增加联合军事演习和训练活动、协助和参与东盟某些国家提升防卫和海洋能力方面的合作等，以增加日本在南海的存在感和作用，遏制中国在南海问题上的进程并阻遏中国的发展步伐。

鉴于中日关系十分重要，且两国经济互补性强，在多个疑难问题难有进展的情形下，中国在对日关系上可以运用的策略和措施十分有限。为此，可否采取限制中国公民赴日旅游的措施以加强应对呢？

三、近年中国内地公民赴日旅游概况

据《日本观光白皮书》（2013—2015年）资料，在2012—2014年间，中国内地赴日人数居外国人访日总人数的第三位，特别在2015年中国内地访日人数翻倍增加，占访日总人数的四分之一，达到499.38万人，在日本消费1.4174兆日元，占外国人在日总消费额的41.0%。

而在外国人消费额中，中国自2010年以来一直处于首位，约占总金额的20%以上。其中，2014年的消费额为5583亿日元，占消费总金额的

27.5%。中国大陆消费者人均购物金额为127443日元,远远高于第二位越南的88814日元。中国大陆游客购买日本物品的第一大类为:糕点、相机、数码相机和手表,电器产品,化妆品和香水;第二大类为:食品、饮料、酒、烟,医药品、健康用品,厕所用品。中国大陆游客购买这些产品的理由为:新鲜好吃,品质优良,日本制造,价格合适(比国内便宜)等。而依据2013年的资料,中国内地游客的住地主要集中在关东和中部地区(中部地区为福井县、岐阜县、静冈县、爱知县和三重县),尤其是外国游客在冲绳的住宿日在2013年比2012年增加了74.5%。

四、中国应对国民赴日游客的措施及策略

考虑到日本海上自卫队的护卫舰队、潜水舰队主要集中在关东和中部地区(尤其是京都和广岛,防卫上的"中部地区"与日本地理层面的"中部地区"存在差异),为遏制日本派遣自卫队舰机赴南海参加美国主导的所谓"航行自由行动",理论上讲我国可采取一些公开措施适度地限制内地公民赴上述区域旅游,但实际上存在一定的制约,且持续性效果有限,可行性不大。

我国采取措施限制团队人员赴上述地区旅游的依据为《中国公民出国旅游管理办法》(2002年7月1日起施行)第6条。即我国根据出国旅游目的地增加情况,以及日本国民访华人数的减少(例如,2014年日本国民赴中国旅游者比2013年减少了16万人,即减少5.6%),可适度地在年度计划中减少访日尤其是组团访日的人数,但这种方法无法控制私人出境的行为。控制和减少组团赴日旅游的做法曾在2012年9月以后实施过,致使在2013年访日的中国内地人数明显减少,产生了一定的效果和作用。而对于私人访日行为,由于日本政府自2009年7月起逐步放宽了

菲日关系"再确认",日本为干涉南海"修法"

2016年10月底,菲律宾总统杜特尔特对日本进行了访问。在日期间,与日本外相岸田文雄和首相安倍晋三举行了工作会晤和首脑会谈,并发表了《日菲联合声明》。

自杜特尔特今年6月上台以来,由于其对美国的系列批评言论,引起美菲关系的紧张,并出现不可预见的发展趋势,影响美菲关系进程。同时,杜特尔特于10月首次访华。期间,中菲两国首脑就共同致力于推动中菲和平与发展的战略性合作关系达成广泛共识,尤其在南海问题上采取了搁置争议、共同协商解决的立场,使美日等国产生忧虑和担心。

在此背景下,作为美国的"忠实盟友",日本试图进一步确认美菲关系,了解菲律宾对南海问题的政策意图,所以,在菲律宾总统杜特尔特访日期间上述事项受到日本方面特别关注。日本力图发挥其在改善和确认美菲关系中的协调作用,挽留菲律宾在美国亚太再平衡战略中的地位和作用,提升和补强日菲关系,并为今后持续地干涉南海问题找到理由和口实。

那么,杜特尔特访日效果如何,双方实现各自的愿望和目标了吗?

不可否认，杜特尔特采用了大国外交平衡的新策略，以改变菲律宾阿基诺前政府"亲美疏中"的外交政策，并寻求中日对其的经济发展和改善民生等的援助。例如，对于南海仲裁案，《日菲联合声明》指出，日菲两国首脑认识到不应采取武力威胁或行使武力，应努力依《联合国海洋法公约》、《联合国宪章》和其他相关国际条约和平解决争端，以及基于规则采取措施的重要性；强调了在南海进行自我控制和非军事化的重要性。为此，两国将依据已达成的系列宣言、共同声明等内容加强合作。

鉴于菲律宾在南海问题、对美关系上的表态，日本采取了持续援助和支持菲律宾的政策和态度，以继续保持日本在菲律宾的经济优势，并使菲律宾在美国亚太平衡战略中继续发挥牵制中国的作用，也为自身干涉南海问题找到理由。

为此，《日菲联合声明》指出，两国首脑对有关借日本政府开发援助（ODA）向菲律宾提供2艘大型巡视船的互换文书的签署，以及日本已经决定提供10艘巡视艇的后续进展表示欢迎；两国首脑对移交日本海上自卫队的练习机TC-90有关细节以及两国当局间的相关文件签署表示欢迎。同时，为进一步提升菲律宾在海洋安全保障及防卫合作上的能力，日本将继续培训菲律宾海军，并签署了对菲律宾的借款文件，总金额为2138300万日元，用于菲律宾海洋安全能力建设，促进区域农业振兴，确保和平及经济增长等方面。

其实，在杜特尔特访日试图确认日菲关系前，尤其在南海仲裁案提起后，两国不仅加强了所谓的援助和合作进程，也提升了外交关系。例如，2015年6月2—5日，菲律宾总统阿基诺三世在访问日本时，两国首脑于6月4日签署了《日本与菲律宾为促进关于区域及区域外的和平、安全和成长的共同理念和目标强化战略伙伴关系共同宣言》，支持菲律宾的南海立场。

即使在南海仲裁案所谓的最终裁决出台后,日本也发表了要求中国执行裁决的声明。例如,日本外相岸田文雄于2016年7月12日发表了《菲律宾和中国关于南海仲裁案的谈话》。其内容为:"7月12日,仲裁法院做出了菲律宾提起的南海仲裁案的最终裁决;对于海洋争议的解决,日本一贯主张法律支配、不应使用力量及威胁,以及使用和平方法的重要性;依据《联合国海洋法公约》规定仲裁裁决是最终的,对争端当事国有法律拘束力,当事国应遵守该裁决,日本强烈期待当事国依据该裁决和平解决今后的南海争议。"

日本不仅在对外方面为干涉南海问题做了铺垫,在国内层面也做好了充分的准备。主要体现在日本根据《国家安全保障战略》(2013年12月17日)的理念和宗旨,于2014年7月1日在内阁会议上通过了《为确保国家存亡和保护国民而无缝地完善安全保障法制》的决议,并结合《日美防卫合作指针》(2015年4月27日)制定了日本新安保法制(《和平安全法制整备法》、《国际和平支援法》,2016年3月29日生效)。日本新安保法制的制定和实施,为日本进一步干涉南海问题提供了所谓的法律基础和理由。即日本可依据在南海区域发生的事态(武力攻击事态、存亡危机事态、重要影响事态、灰色区域事态等),日本国家安全保障会议在认定对日本发生损害及影响的情形下,可派遣自卫队参加各种事态的援助活动。也就是说,日本具备了干涉南海问题的理据及外部条件。

因此,日本干涉南海问题上的外因,尤其是菲律宾和美国的关系如何变化和发展,包括菲律宾能否实现自己的承诺,能否实现平衡外交和持续"天平外交",能否切实发展经济和改善民生,日菲关系发展及其溢出效果如何等,均存在不确定性,而它们是影响南海问题的重要因素。

总之,南海问题向何处发展,影响如何,亚太局势如何,尤其在美国政局稳定之前,仍存在变数和不可预见性,这是考验多国外交政策的重大问题。

本文原刊于《人民日报》海外网,2016年11月1日

中日海洋关系发展进程及未来应对建议

在中日两国中存在着各种问题，包括历史问题，对战争责任的认知差异，以及在海洋领土和海洋安全上的分歧与对立等。这些问题的呈现与发展，势必严重影响国民感情和情绪，进而影响和损害两国合作的环境和气氛，使得两国的合作进程受到上述各种问题的影响，从而损害双方合作的发展及效果，并关联中日关系的起伏进程。换言之，这些重要问题的显现，严重影响和损害中日两国合作应对各种问题和挑战的效果，进而出现不稳定的局面和态势。

一、中日关系的发展进程及影响的关键问题

2017年和2018年，是维护和发展中日关系的重要年份。如何坚持长期以来中日两国以四个政治文件的原则和精神为基础，确保中日关系由中日睦邻友好关系（《中日政府联合声明》，1972年9月29日），和平友好关系（《中日和平友好条约》，1978年8月12日），到致力于和平与发展的友好合作关系（《中日关于建立致力于和平与发展的友好合作伙伴关系的联合宣言》，1998年11月26日），进而上升为全面推进中日战略互惠关系（《中日关于全面推进战略互惠关系的联合声明》，2008年5月7日）的发展进程，以实现两国和平共处、世代友好、互利合作和

共同发展的崇高目标,是我们应该认真对待的重大问题,也即双方应抓住时机,须对中日关系进行再确认和再定位,以切实稳固和推进中日关系持续发展。

鉴于海洋问题的历史性、敏感性、复杂性以及海洋空间和资源的利益性,两国对其的认识和理解发生的对立和争议,不仅影响民族感情,也关联国家利益,所以,如何合理地处理和管控海洋争议是我们应该着力的重要方面,也是维系和发展中日关系的关键领域,必须认真合理地加以应对。否则,由此造成的损害无法弥补,中日关系的顺利发展无法实现。

二、中日针对海洋争议的对立及努力的效果

一直以来,中日两国之间存在关于东海问题的争议,其中钓鱼岛及其附属岛屿的主权争议是核心。但由于双方在历史事实和法理适用上的认识和分歧无法妥协和让步,因而迄今没有解决这些争议,成为影响中日关系的不稳定因素。

同时,随着南海问题的显现,尤其是南海仲裁案所谓的最终裁决的出现,日本政府在一系列的场合强烈要求中国政府遵守南海仲裁案所谓的最终裁决内容,从而出现了在南海问题上的新对立。日本政府主张的"海洋法治三原则",何尝不是中国政府主张依法治海应坚持的原则和方针,只是两国对海洋法的体系和制度在认知和解释上存在不同的观点和立场,进而出现不同甚至对立的国家实践。

中国政府认为,仲裁庭对南海仲裁案做出的裁决,是仲裁庭借用和扩大了《联合国海洋法公约》的制度性缺陷,包括片面认定事实、扩大自身管辖权、缺失对管辖权的救济措施,以及超越自身权限做出裁决,

严重损害了国家自主选择解决方法的权利,使国家做出的排除性事项具有不可预见性,影响国家之间利用政治方法管控南海问题的效果,因而其是违法的、无效的,最终裁决对中国显然没有拘束力。换言之,南海仲裁案最终裁决的出现,使得《联合国海洋法公约》存在的先天性制度缺陷暴露无异,出现对其进行修改完善的强大呼声和要求。对此,我们必须认真落实,才能维护《联合国海洋法公约》的系统性和权威性,进而维系海洋秩序和实现海洋法治目标。

尽管中日两国对东海问题存在着对立和分歧,但两国政府均有意愿进行管控,以防不测事态的发生,避免对中日关系发展造成无法挽回的损害。这方面的政治意愿特别体现在对东海海空安全的管理上。标志性的事例为:中日通过海洋事务高级别磋商机制加强沟通和协调,为达成共识和管控东海海空安全做出了持续的努力,避免因海洋安全问题,影响和损害中日关系发展进程。

自2012年1月中日两国创设海洋事务高级别磋商机制以来,迄今已举行了六次会议。从六次中日海洋事务高级别磋商达成的共识内容,可以看出中日对待海洋问题的特点,主要体现在以下方面:

第一,中日两国均有政治意愿维护东海安全。但在设置和启动东海海空危机管控机制上,就适用范围存在不同的意见。争议的焦点在于是否应包括钓鱼岛及其附属岛屿的领海和领空。而从设立应急联络通报机制的效果看,笔者认为,应将东海所有海空均纳入危机管控机制,以便于协调和管理。当然,这种做法并不改变和损害中日双方对钓鱼岛及其附属岛屿的政策及法律立场。

第二,在不同的机构之间设立联络协调机制,是适应两国海洋管理机构的合理产物。鉴于海洋问题的综合性和专业性,不同的海洋功能应有不同的机构予以管理,所以在不同的机构之间设立联络协调机制,有利于发挥各机构的职权和作用，也便于整体协调和管理。

第三，海洋合作领域的广泛性。从中日两国海洋事务高级别磋商达成的共识内容看，两国在海洋领域的合作呈现扩大化的趋势，包括海上搜救、打击走私、海上垃圾监测和处理、海上执法等领域，体现了先易后难、循序渐进的原则，具有可操作性，以全面提升中日海上合作进程和效果，避免因海洋问题影响和损害中日关系。

三、维系中日关系的海洋因素应对建议

尽管中日双方克服困难并做出了持续的努力，但在取得实质性的海洋合作成果方面仍存在一定的差距，双方需要继续就海洋问题举行磋商，以便达成共识和理解，并切实管控海洋安全问题。为此，双方应继续创造条件和气氛，特别应遵守以下事项：

第一，努力保持高层互访和海洋事务磋商进程。即利用多种国际和双边场合在首脑间展开对话和协商，并创造条件实现互访目标。同时，在这种政治意愿和气氛下，继续发挥中日海洋事务高级别磋商机制的功能和作用，并尽早缔结和实施东海海空联络机制，以管控东海海空安全。此外，待条件成熟后，两国应就南海航行安全问题展开磋商，以照顾对方关切，并为丰富和完善海洋航行安全制度做出贡献。

第二，创设并展开实质性的中日海洋问题"二轨"对话进程。鉴于在政府层面很难展开实质性的针对海洋问题争议的研讨，为此，可在专家学者间创设"二轨"对话渠道，对海洋争议问题进行以历史事实和法律依据等方面为重点的闭门研讨会，以为各国政府解决海洋争议提供方案和建议。

第三，加强中日两国正面合作领域的宣传力度。中日关系氛围无疑

受到媒体负面事件报道的影响,为此,两国政府应采取措施让媒体多宣传和报道两国合作领域的正面事件,正确及时地回应负面影响的报道事件。同时,两国应发挥各自优势,努力创设典型的工程技术合作项目,以体现和增加两国之间的合作互利性和友好共赢性。

第四,加强人员交流和文化互信活动。中日关系的稳固发展,需要国民之间的信赖和理解,为此,中日两国应不断地采取措施,包括创设中国国际交流基金,设立提供奖学金和资金的留学及短期访问项目,加强两国不同层面之间的人员交流和学习互鉴,增加国民对对方国家的文化和现实的理解和信任,为推进中日关系发展做出贡献。为避免政治因素影响双方间的交流合作进程,双方应制定制度性的文件,以切实持续地展开人文交流活动。

四、结语

不可否认,中日关系无论在地区还是在世界,均是重要的双边关系。中日关系的发展对于稳定地区和世界的和平与发展具有重要的作用。在世界局势呈现变化且存在变数的现今,中日两国展开全方位的交流合作就显得特别重要,这不仅是两国自身发展的需要,也是世界对两国的期待。

本文原刊于文汇新媒体,2017年2月3日

中国海洋政策分析

增强海洋意识及维护海洋权益的若干对策

中共中央政治局于2013年7月30日下午就"建设海洋强国"进行了第八次集体学习。中共中央总书记习近平在主持学习时强调指出:"要进一步关心海洋、认识海洋、经略海洋,推动我国海洋强国建设不断取得新成就。"而实现"关心海洋、认识海洋、经略海洋"的目标和任务的前提,是必须进一步提升全民海洋意识,克服对海洋的误解,合理地处置海洋问题,以更好地维护国家海洋权益。这是我国应对海洋问题,管理和经略海洋,实现海洋强国战略目标的重要前提和基础保障。

不可否认,长期以来我国的传统历史和黄土(陆地)文化意识,严重地延滞了国民的海洋意识,忽视海防,使国家失去了现代化进程的发展时机。尤其是我国对海洋的认识和重视,包括海防政策的制定和落实,均是在受到外力威胁的情形下,被动地有所改变和提高的,但并不彻底,更不积极主动。例如,1874年日本侵台事件而引发的第一次海防之争为北洋海军的初创提供了契机;1884年因中法战争而再次兴起的海防之争,迫使清政府于1885年制定了"以大治水师为主"的计划,北洋海军于1888年正式成军。但由于众多的原因,甲午战争中清朝海军覆灭,造成中国长期以来海权薄弱的境况,并受到外国的欺凌和压迫。换言之,过去的海权主要依赖于海军的实力,而现今的海权不仅依赖于海军的实力,更依赖于海权的战略和海洋的意识。因为国际社会已禁止使用或威胁使用武力解决国家间争议,需要优先利用和平的方法解决争议包括海洋问题争议。也就是说,对于海洋问题需要进行制度性的规范和治理,特别重视协调性、综合性、有效性与和平性,以维系安定的国际海洋秩序。

众所周知,鉴于海洋的特殊性及其资源的丰富性,开发和利用海洋资源及空间,已成为国际社会关注的重要方向及争夺的重要领域,以确保国家的可持续发展并通过使用海洋资源改善国民的生活品质,尤其是巩固和加强国家的安全防卫屏障。在这种情形下,国家间的海洋问题矛盾日益突出,相应地维护国家海洋权益的任务就更为艰难。

不可否认,发展和经略海洋的重要基础是经济和科技,而随着我国改革开放的深入,我国的经济和科技实力已初步具备了利用和进出海洋的条件,所以,中国加强了对海洋的管理和利用的力度;对海洋依赖程度的加深,也引发了与其他国家之间的多个海洋问题。而为处理这些重要海洋问题,如上所述,不仅需要大力提升国民的海洋意识,更要制定国家海洋战略,从而综合高效有序地处理海洋争议,实现"人类与海洋共生"之目标。

应该说,中国提出海洋强国战略是历史发展的必然,符合时代发展的要求,更是中国长期以来针对海洋问题政策和立场的持续和延伸,而为实现海洋强国战略目标,进一步完善海洋体制和法制(例如,《海洋基本法》、《中国海警局组织法》等)特别重要,以提供有力保障。

考虑到海洋对我国发展和国家安全的极端重要性,我国应对海洋问题、经略海洋的政策建议,主要包括以下方面:

第一,持续采取多种措施大力提升国民海洋意识。国民海洋意识的提升,需要一个长期努力的过程,对此必须有充分的认识。也就是说,海洋意识的提升需要从青少年抓起,建议自小学起增加海洋知识的教学内容,并逐步完善海洋知识教育体系和学科结构,包括在中学和大学设立相应的海洋教育普及性课程。同时,继续举办各种海洋教育活动,包括海洋日活动、航海日活动,创设海洋论坛和建设海洋网站,摄制海洋相关影片等。

第二,组织出版海洋系列自然科学及人文社科读物。在教育机构设立海洋知识课程的基础之一,是必须有组织地出版普及海洋知识的读物,为此,可组织专家学者出版海洋知识系列读物,以广泛普及和钻研海洋知识,提升对海洋的兴趣,并为服务海洋做出贡献创造条件,帮助国民树立正确的海洋观。

第三,积极阐释海洋问题动态发展趋势。在信息化时代,如何掌握海洋问题宣传的话语权,以引领国民情绪,包括正确地认识和理解海洋及其问题发展趋势,是一个必须重视的重要方面。所以,应加强对海洋问题的事先研究和预判,出现问题应正确地加以引导和梳理,避免再次出现因外界反对和抗议取消系原先系统解释我国针对海洋问题政策的成果报道等事件,加强各种应对措施的规划和部署,争取积极主动的有利地位。为此,不仅需设立专门研究海洋的机构(例如,东海研究院),加强系统而具体化的研究,也应完善和规范综合处理海洋问题的机构制度,并明确其职权,实现综合管理海洋目标。同时,为应对紧急海洋问题事态,也可组织人员采取巡回演讲的方式阐释海洋问题的本质及我国的立场,消弭误解。

第四,合理处置和应对海洋问题。现今,我国已处于海洋问题的爆发期,应对海洋问题的关键期,政府决策的重要期,更是专业人员研究海洋的有利期,不仅考验中国政府和人民的智慧和决策力,也考验专家学者理论研究的深度和对策建议的可采度。不可否认,海洋问题的累积是由于多种原因叠加造成的，包括忽视海洋的意识，两岸分治，管控海洋的力量欠缺和决策失误等，所以不仅需要总结经验，更要采取措施避免海洋问题严重影响中国的和平发展进程，冲击或打断中国的战略发展机遇期。也就是说，针对海洋争议问题，应努力使其损失、影响减至最小，以实现中国获得海洋利益相对最大化的目标。

当前，我国面临的主要海洋问题为东海钓鱼岛问题和南海问题，应采取"稳定东海、争夺南海"的基本政策，并避免出现"三海"（东海、台海、南海）联动的情形。

对于东海钓鱼岛问题，重要的是管控东海海空安全态势，采取对等的行为和措施，以确保东海海空的安全。同时，应重点考虑我国在东海钓鱼岛问题上的基本政策，包括让日本政府承认钓鱼岛问题存在争议、"搁置争议"的共识。在无法实现上述目标时，应继续维持在钓鱼岛周边海空的巡航和巡逻措施，应重点实施管辖行为和措施，体现中国对其的真正管辖，包括依法处罚对方违犯我国海域管辖法律的船只和人员，应对日本自卫队对东海防空识别区的挑战等。更重要的是，坚守对钓鱼岛问题的最低目标：不登岛、不开发、不驻军。当然，在钓鱼岛问题上中日两国达成新的默契，不失为一种较好的管理方法，但现今达成新的默契的可能性不大。同时，大陆和台湾地区在钓鱼岛问题上达成正式合作协议的可能性也不大，所以，中国大陆应做好自力综合地应对日本挑战的准备。

对于南海问题，重点应对菲律宾及越南的干扰和阻碍活动。对于南海问题争议的司法化问题，尽管我国采取"不接受、不参与"的政策，但将带来不利的后果。因为，在菲律宾提交的仲裁诉求中，有些事项（例如，岛屿、岩礁的定性问题，损害航行自由问题，单方面的"强力"执法问题等）仲裁法庭是具有管辖权的。所以，我国应就这些事项提出自己的主张，特别应就南海断续线问题阐明立场，以避免进一步的被动，造成不利的影响和后果。当然，中国对利用法律方法解决海洋问题的探讨也应加快规划和部署。

对于越南在西沙群岛周边海域干扰中国"海洋石油981"平台的作业问题，我国应排除干扰，争取继续作业的环境和条件，决不应放弃在该海域的作业行为，所以，加强与越方的沟通和协调就特别重要。

不可否认，南海问题的核心为南海断续线的性质及线内水域的法律地位问题。为此，我国应深化对此的立场和主张，具体可运用我国常驻联合国代表团于2009年5月7日向联合国秘书长提交的照会内容。其内容主要体现在以下两个方面：（1）中国对南海诸岛领土及领海拥有无可争辩的主权；（2）对相关海域及其海床和底土拥有权利（主权权利和管辖权），而此处的相关海域是指依据《联合国海洋法公约》缔约国的中国可主张的海域（如毗连区、专属经济区等），以及不符合《联合国海洋法公约》岛屿制度第121条规定的岩礁，可依据历史性权利主张的海域两种类型。这种基于历史性权利主张的海域也符合《联合国海洋法公约》的规定，例如，《公约》第15条、第51条第1款、第58条第3款和第298条第1款。当然，中国针对南海诸岛及其相关海域的权利主张也符合国内法，例如，《中国专属经济区和大陆架法》第14条、《中国海洋环境保护法》第2条。

针对南海断续线的这种定性，中国面临的挑战是应解释基于历史性权利的海域（即历史性海域）的内涵，以及其与专属经济区的异同，所以，如能加强大陆与台湾地区就南海问题尤其在南海断续线定性问题上的合作，则对于维护和确保中国在南海的主权和海洋权益大有帮助。

在国内，针对南海断续线的性质阐释问题，主要存在两种观点。一是继续模糊论。理由为国内仍未形成统一的观点，清晰其地位尚早，但这种继续模糊论为他国继续不断地侵蚀我国在南海的权益提供方便；二是适度澄清论。此观点认为，我国已到了应适度澄清南海断续线性质的时候了，以明确我国的主张，捍卫中国在南海的海洋权益。笔者认为，我国在南海断续线性质的问题上，可采用两阶段的步骤。即我国可在仲裁法庭裁决前，先发布中国针对南海断续线的立场建议书（学者版），待条件成熟时，再发布中国针对南海断续线的政策性立场文件（政府版），但必须做好充分的应对和反驳的准备工作，以坚定捍卫中国在南海诸岛的立场和权益。

第五，加强与美国的沟通和协调十分重要。不可否认，当前中国海洋问题爆发的重要因素是美国的干涉。所以，加强与美国的沟通与协调就特别重要，重点应通过双边对话机制，强调中国希望美国继续在亚太发挥主导及建设性的作用，加强经贸合作，管控海上安全，避免海洋问题的进一步升级和恶化，达成谅解和共识，以共同维护亚太的和平安全与发展。

此外，我国应特别关注《美日防卫合作指针》的修改内容，尽力避免使其合作范围扩延至南海，包括日美进一步加强与东盟国家及其他国家之间的海上合作与支援力度，加大中国解决南海问题的难度。同时，也要密切关注日本解禁集体自卫权后，扩大其所谓的"有事"范围，使其防卫范围明确地延展至台海，造成台海问题的严峻态势，不利于我国台海统一目标的实现。

总之，中国应对海洋问题的难度较大，也存在一定的风险，且需要有一定的过程和时间，特别需要中国的合理应对，包括重视反驳他方的立场与态度，争取法理和舆论支持。同时，积极阐释我国海洋问题的政策和立场，进一步提升海洋意识，完善国家海洋战略和海洋体制机制也特别紧要，以综合有效地管控海洋问题。此外，组织出版与海洋问题有关的论著也相当关键，以提升研究者的水平和对外影响力，为解决海洋争议提供参考。

最后应该指出的是，海洋问题的处置离不开海上军事实力的保障，所以，中国建设和发展与国际地位、国家实情、海洋利益相对最大化目标相符的国家海上军事力量十分必要。当然，海上军事力量的使用是最后的手段和解决方法。中国更重要的是应继续坚持和谐世界、和谐海洋、21世纪海上丝绸之路、亚洲新安全观及周边外交政策等蕴含的理念和原则处理各种海洋问题，并提供海洋公共产品，这是中国的必然选择和时代的合理要求。

本文原刊于《世界知识》2014年第15期

中国与周边邻国的岛争预测及展望

一、在未来一段时间内，中国与邻国的海岛争议会否升级？为什么？

从理论和实践看，中国与邻国的岛争主要在东海区域和南海区域，表现为中国与东盟国家之间的南沙岛礁领土争议以及由此引发的其他争议（例如，海域划界争议、资源开发争议等），中国与日本之间存在的东海问题，包括岛屿归属争议、海域划界争议、资源开发争议以及东海海空安全争议等。此外，中美两国针对所谓的航行自由和通道安全也存在对立，集中表现在专属经济区内的军事活动争议和军舰在领海内的无害通过争议，焦点为自由使用论和事先同意论的对立和分歧。

对于军事活动争议，由于在《联合国海洋法公约》框架内无法解决，所以应通过双边对话协商解决，以增进理解和共识，特别应遵守中美两国军事部门于2015年达成的两个谅解备忘录（《重大军事行动相互通报机制谅解备忘录》和《海空相遇安全行为准则谅解备忘录》）及其后续协议内容，以规范相关行为或活动，避免不测事态发生。

对于军舰在领海内的无害通过制度，关键为双方应保持沟通和克制，但不管如何，军舰在领海内的无害通过必须遵守沿海国关于领海的法律和规章,以确保沿海国在领海内的主权和安全利益。如果无法遵守上述规范,则两国在南海海域尤其在南沙海域出现危险行为的可能性是存在的,但发生冲突和碰撞的可能性很小。因为中美两国均没有发生冲突的意图。

对于中国与东盟国家之间的岛礁领土争议问题,现阶段获得和平解决的可能性不存在,因为各方均无法做出妥协和让步,所以应不断地加强双边对话协商进程,争取在双边层面缔结海洋低敏感领域合作协议,以向外界显示中国与其他国家通过双边对话和协商可以稳定与发展双边关系的成果;同时,尽早推动"南海行为准则"磋商进程,争取不断地获得早期收获和成果,为改善关系和解决争议创造基础和条件,这是我们应该努力的方向。

二、中韩海洋划界谈判正式拉开帷幕,这可否成为解决类似问题的典范?有哪些借鉴意义?

根据中韩两国首脑达成的政治意愿,双方于2015年12月22日开启了中韩海域划界谈判磋商进程。但由于中韩两国在划界的原则方面存在不同的主张(韩国主张中间线划界,中国主张公平原则划界),所以要尽快缔结具有法律拘束力的协议存在一定的难度,为此,如何找出双方容易接受的方法和原则,则是应该努力的方向。如果中韩双方通过努力和妥协,达成了双方可接受的海域划界协议,则可成为中国与其他国家开展海域划界谈判的典范和先例,所以两国开展富有诚意的双边持续性会谈,应该是努力的方向。但中韩海域划界协议,不应让中国做出更多的让步,特别在渔业资源的开发和利用方面。总之,实现中韩海域划界谈判并缔结最终海域划界协议不仅需要智慧,也需要政治决断,更需要从战略高度妥善处理中韩关系，包括考虑韩国在中国和平发展进程中的地位与作用等。

三、怎样更有效运用"双轨思路"，以应对相关国家滥用国际法、诉诸国际法庭的做法？

菲律宾提起的南海仲裁案得到了仲裁庭的支持，包括承认单方面提起仲裁不滥用国际法、对提起的部分事项裁定具有管辖权等。尽管如此，中国政府仍坚持"不接受、不参与"的立场，所以菲律宾单方面提起仲裁的做法与我国提倡的"双轨思路"存在很大的偏差。

即使仲裁庭对菲律宾提起的仲裁事项做出裁定，中国也不会接受和遵守仲裁庭的裁决，因为这是中国政府的一贯立场。同时，中菲两国之间存在的核心争议（南沙岛礁领土争议和海域划界争议）也不会因为仲裁庭的裁决出现而消失，相反，双方的对立和冲突可能会更复杂和扩大化。而是否出现此境况，直接与仲裁庭是否对南海断续线的性质和历史性权利做出裁定等有密切的关系。为此，中国能否针对菲律宾有关起诉事项的解释和向仲裁庭做出的回复非正式意见，做出连续性、系统性的解释，包括进一步公布我国针对南海问题的立场文件，可以认为是宣示我国南海政策和立场的重要方面。尽管我国提倡的优先利用"双轨思路"解决南海尤其是南沙岛礁争议问题的政策具有一定的合理性和可行性，但不可否认，由于菲律宾单方面提起南海仲裁案，对"双轨思路"处理南海问题还是有很大的冲击的。换言之，更有效地利用"双轨思路"解决南海问题存在很大的困难。这是我们必须加以关注的！

本文为原刊于《中国日报》2015年12月31日，第6—7版的中文版

"Road and Belt Initiatives" to Restore Lost Glory

The Silk Road Economic Belt and 21st Century Maritime Silk Road strategic initiatives are China's important step toward countering the containment policies of certain Western countries, ensuring safe navigation, improving relations with relevant countries and maintaining security.

The initiatives are also a strategic move toward gradual assertion of China's presence in the Asia-Pacific region and boosting multi-polarization in the context of economic and social development. If properly implemented, the initiatives will help build China's image as a rising nation that is ready to undertake more international responsibilities and protect its territorial integrity.

The 21st Century Maritime Silk Road initiative is the result of China adapting to the trend of the times. Given that the ancient Silk Road passed into history with the gradual decline of the Chinese empire and the rise of Western countries, a rising China now needs to use new concepts and take new measures to better contribute to regional and global development in order to build a stable and secure world. Also, the implementation of the "road" initiative is expected to help restore the lost glory of Chinese civilization.

From the perspective of China's need for fuels and other resources, there are different countries with different geographical characters and importance along the 21st Century Maritime Silk Road. And because Southeast Asian countries hold key positions on its vital maritime trade route, China must appropriately handle relations with them, especially to ensure that the South China Sea disputes do not affect its ties with the ASEAN. Plus, China should increase its involvement in the multi-national cooperation related with navigation safety in the Strait of Malacca.

To better implement the well-conceived initiative, China should also try to develop good relations with South Asian countries. Considering India's enormous development demands and its huge market, it should use the huge potential for bilateral (maritime) cooperation to improve ties with the South Asian country. And since the Middle East is a major source of its oil imports, China also should maintain good ties with the countries in the region. Besides, it should consider participating in their economic reconstruction, particularly because US combat troops have now withdrawn from Iraq and Afghanistan.

Good relations with the European Union and other countries will help lay a solid foundation for China to advance the two strategic initiatives. And the fact that the EU is China's largest trading partner and the birthplace of many international mechanisms is an important reason for Beijing to smooth ties with the bloc.

Moreover, China should approach the Ukraine crisis with the utmost caution, without taking sides and thus creating roadblocks for its development. In all this, it should not forget to accord importance to its ties with Australia and Africa, two big sources of its raw material imports. Beijing is also required to play a bigger role in African countries' infrastructure construction and personnel training to help boost their economic development and improve their governance capabilities.

The 21st Century Maritime Silk Road initiative may encounter many challenges. Therefore, China should first push for cooperation with friendly countries and then gradually improve relations with other countries to form broad maritime strategic partnerships. It should also create favorable conditions for joint construction of ports and other facilities to better cope with emergencies at sea.

To make the initiatives a success—through establishing closer political, economic and cultural bonds and helping create win-win results—China should not shy away from using special funds such as those earmarked for maritime cooperation. State departments and provincial governments too a have a role to play. they have to use their advantages to jointly advance the national strategy.

本文原刊于《中国日报》2015年1月30日，第9版

China's Claim in Sea Legal and Justified

Some nations, with the US taking the lead, heavily criticized China for constructing infrastructures on some reefs and islands in the South China Sea recently. On Monday, Singaporean Defense Minister Ng Eng Hen said Singapore wants India to play a bigger role in the South China Sea. On March 4, the Secretary General of the Association of Southeast Asian Nations Le Luong Minh told the Manila Times that China's territorial claims in South China Sea based on its "nine-dash" line were "not binding".

However, such remarks only show why it is important for certain Southeast Asian countries to strictly abide by the Declaration on the Conduct of Parties in the South China Sea. And, as agreed in the Declaration, which was signed between China and ASEAN in 2002, the disputes in the South China Sea should be resolved by the "sovereign states directly concerned". Thus, in order to avoid further complicating the already complex situation, no outside forces should be involved in the maritime disputes.

The crux of the disputes in the South China Sea is who has sovereignty over various reefs and islands. The different theories on the "nine-dash" line agree that China has sovereignty over all reefs and islands within the line, but differ in the legitimate status of the waters within the dotted line. Because of the international legal principle that the "land dominates the sea," the legal status of the waters within the "nine-dash" line will be clarified only after the sovereignty of the reefs and islands in the South China Sea is determined.

On May 7, 2009, China submitted two notifications to the UN general secretary, stating that "China has indisputable sovereignty over the islands in the South China Sea and adjacent waters", and it "enjoys sovereign rights and jurisdiction over relevant waters, as well as the seabed and subsoil therefore". The notifications are in line with United Nations Convention on the Law of the Sea and Chinese laws. China can therefore legitimately build up the infrastructure on its own islands and reefs in the South China Sea.

China resolutely safeguards and guarantees the freedom of navigation in South China Sea. However, as a non-member of UNCLOS, the United States doesn't admit that all military observation activities within an exclusive economic zone must obtain the approval of the coastal state concerned. The frequent US military activities in China's exclusive economic zone clearly challenge and harm the freedom of navigation in the South China Sea.

The US must also abide by the Notification of Major Military Activities Confidence-Building Measures Mechanism and the Rules of Behavior for Safety of Air and Maritime Encounters, both of which were agreed by the Chinese and US militaries in late 2014, so as to regulate the actions in the sea and the air, maintain the safety and order of military activities in the exclusive economic zone, and ensure the freedom of navigation and safety of vessels.

China raised a good "dual track" proposal last August that the direct dispute parties should seek peaceful settlement of their disputes through friendly negotiations with each other, and peace and stability in the South China Sea should be maintained by China and ASEAN members together.

The proposal, if well implemented, can decrease troubles and confrontations. The proposal also urges relevant parties to abide by the principles and requirements of the Declaration on the Code of Conduct on the South China Sea and promote further negotiations on a code of conduct.

The relevant parties need to strengthen their cooperation in some less sensitive maritime fields to build up mutual trust.

The US should act responsibly and seek to play a constructive rather divisive role in the region. China's proposals and actions should be correctly judged and supported by other responsible countries.

本文原刊于《中国日报》2015年3月19日，第9版

论中国南海政策倡议的合理性与可行性

中国外交部部长王毅在出席东亚外长系列会议时，充分阐释了中国关于南海问题的政策主张及行动倡议，严厉批驳了其他国家针对中国在南沙岛礁行为的态度和观点，体现了中国维护南海和平与稳定的坚定意志和决心，以及捍卫南海主权的能力和信心，对于国际社会深入理解中国针对南海问题的政策以及解决南海问题远景有重大的意义和作用。

2015年8月5日，中国外交部长王毅在出席中国—东盟（"10+1"）外长会议时，提出了"维护南海和平稳定三点倡议"。它们不仅是中国针对南海问题政策的提炼，具有连续性及一贯性的特点，也是根据南海问题的实况做出的政策调适，具有合理性和可行性；它们不仅是对"三个冻结"、"三个停止"的模糊性、缺乏实际操作性和可行性的否定，也是中国与东盟希望合力有效处理南海问题的具体要求与现实规划。这些倡议是国际社会努力应对南海问题的政策取向，所以应该被相关国家所尊重和遵守。

一、"三点倡议"的内容

南海地区国家承诺全面有效落实《南海各方行为宣言》，加快"南海行为准则"磋商，积极探讨"海上风险管控预防性措施"。域外国家承诺支持地区国家上述努力，不采取导致地区局势紧张和复杂化的行动。各国承诺依据国际法行使和维护在南海享有的航行和飞越自由。

二、"三点倡议"的要义分析

中国针对南海问题的"三点倡议"，具有系统性和全面性。特别从三个不同的层面提出了应对南海问题的具体对策，不仅合理，而且可行。

第一个层面：中国与东盟的任务。中国应与东盟国家全面有效落实《南海各方行为宣言》，这是符合《南海各方行为宣言》要求的。因为《南海各方行为宣言》第8条规定，各方承诺尊重该宣言的条款并采取与宣言相一致的行动；第9条规定，各方鼓励其他国家尊重该宣言所包含的原则。

南海地区国家应加快"南海行为准则"磋商，这是规范化处理南海问题的重要保障。由于《南海各方行为宣言》缺乏认定各国行为或活动的组织机构，也不存在对违反《宣言》的行为或活动的制裁或惩罚措施，所以，对于各国在南海的活动或行为是否使南海争议复杂化、扩大化，影响和平与稳定无法予以管制，各国多采取利于自国利益的行为和解释，从而出现不同的实践，造成对立和分歧的境况。为此，制定具有规范性和拘束力的诸如"南海行为准则"那样的文件就特别重要，也符合《南海各方行为宣言》的要求。例如，《南海各方行为宣言》第10条规定，有关各方重申制定"南海行为准则"将进一步促进本地区和平与稳定，并同意在各方协商一致的基础上，朝最终达成该目标而努力；而对于南海领土和管辖权的争议，由直接相关的主权国家通过友好磋商和谈判，以和平方式解决（第4条）。考虑到南海主权问题复杂敏感，一般各方均很难做出让步和妥协,所以其合理解决需要较长的时间,而在未解决这些争议问题之前,为延缓南海问题的紧张和危急事态,可就有关领域开展合作进行探讨和协商,例如,作为过渡时期的措施,可探讨海上风险管控预防措施,以维护南海的和平与稳定。

第二个层面:域外国家的克制。域外国家尤其是美日两国为体现大国的"责任",持续主导东亚安全秩序,包括承担所谓区域安全保障协助和合作义务,将会自愿或非自愿地参与南海问题发展进程,例如,举行联合军事演习,提供安全保障武器和装备,协助提升他国海上安全管理能力,使南海问题的解决更为复杂和紧张,从而削弱和忽视中国与东盟在维护南海问题上的努力和成果,进而持续出现影响南海安全的危机事态。为此,域外大国应多做有利于南海稳定的事,采取公正和合理的态度及行为对待南海问题;同时,中国与东盟也应就南海海洋低敏感领域合作进程加快步伐,以体现有能力处理和管控南海问题,减少域外大国参与南海问题的借口。

第三个层面:国际社会的责任。一般来说,南海问题包括两个方面:南沙岛礁领土争议及由此引发的其他争议问题(例如,海域划界争议问题)和南海航行自由保障问题。尽管在南沙周边海域并未出现影响航行自由的事件和态势,但由于南沙周边海域是国际贸易的重要通道,保障其安全畅通是国际社会关注的重要事项,所以依靠国际社会的力量,合力保障南沙周边海域的安全畅通,是各国的重要责任和义务。为此,在航行自由方面,中美两国特别应发挥主导作用,包括加强两国之间的对话和磋商,遵守两国军事部门于2015年缔结的《重大军事行动相互通报机制谅解备忘录》和《海空相遇安全行为准则谅解备忘录》,以增进互信,减少误解和误判。并结合国际社会的制度性文件,例如《专属经济区水域航行与上空飞越的行动指针》(2005年9月)、《亚太专属经济区内互信和安全构筑原则》（2013年10月），进一步丰富和完善《联合国海洋法公约》针对专属经济区内军事活动争议的制度，为国际社会创设新的制度性规范做出贡献，以确保包括南海在内的安全秩序。

三、"三点倡议"的效果

以上所述，中国政府在东亚系列外长会议上提出的"维护南海和平稳定三点倡议"，不仅符合包括《南海各方行为宣言》在内的制度性规范，也符合国际社会尤其是中国与东盟之间的努力进程，具有合理性和可行性。但这些倡议是否能得到切实的遵守和尊重并产生应有的效果，国际社会尤其是美国的态度和立场十分关键，所以，美国应在与中国的交往中，切实地尊重中国的合理关切，逐步尊重中国的作为，使中美关系获得全面健康的发展，而不为南海问题所影响，这是中美两国应努力及把握的方向。

但即使受到美国的影响，中国应对南海问题的政策立场和态度，也不会丝毫地改变，因为中国在海洋问题上的政策与立场已由被动变为主动，且更为清晰和明确。例如，中国于2014年6月8日发表了《"981"钻井平台作业：越南的挑衅和中国的立场》；2014年12月7日发表了《中华人民共和国政府关于菲律宾所提南海仲裁案管辖权问题的立场文件》，以坚定捍卫中国在南海的主权、安全和发展利益。换言之，中国维护和确保领土主权和海洋权益的意志坚定不移，信心和决心不可动摇。

本文原刊于《中国日报》中文网，2015年8月10日

中国海洋强国战略论纲

党的十八大报告在"大力推进生态文明建设"部分明确提出，我国应"提高海洋资源开发能力，发展海洋经济，保护生态环境，坚决维护国家海洋权益，建设海洋强国"。习近平总书记在主持中共中央政治局就建设海洋强国研究进行第八次集体学习（2013年7月30日）时指出，建设海洋强国对于推动经济持续健康发展，维护国家主权、安全、发展利益等，具有重大的意义；同时，特别强调了建设海洋强国的基本内涵，即"四个转变"。其内容为：要提高资源开发能力，着力推动海洋经济向质量效益型转变；要保护海洋生态环境，着力推动海洋开发方式向循环利用型转变；要发展海洋科学技术，着力推动海洋科技向创新引领型转变；要维护国家海洋权益，着力推动海洋权益向统筹兼顾型转变。这为我们研究中国海洋强国战略体系提供了重要的方向和明确的任务。换言之，我国首次正式提出了建设海洋强国的国家战略目标，所以有必要论述海洋强国战略体系包括其内涵及其发展进程，实现海洋强国战略目标的路径及其特征，以及建设海洋强国的具体措施，尤其是法律制度，以提供理论保障。

一、中国海洋强国战略的内容及发展进程

依据党的十八大报告"建设海洋强国战略"部分,有必要分析其内容及内在关系、实施建设海洋强国的必要性及可能性、国家海洋政策与战略的发展进程及具体保障措施。

1. 中国海洋强国的具体内容及其内在关系。从党的十八大报告针对建设海洋强国的内容可以看出,国家推进海洋强国建设的具体路径为发展海洋经济,手段及措施是不断提高海洋资源开发能力,这是发展海洋经济的基础。前提是急需解决我国面临的重大海洋问题(例如东海问题、南海问题),以坚决维护国家主权和领土完整及海洋权益,并保障实施海洋及其资源开发的安全环境,从而实现保护海洋生态环境及建设海洋强国目标。这些内容是中国建设海洋强国的基础条件和基本要求。

2. 中国建设海洋强国的必要性及可能性。由于我国长期以来注重开发陆地资源,轻视海洋资源的开发及利用,尤其是海洋意识不强,海洋科技装备落后,所以,开发和利用海洋及其资源的政策及措施明显不完善,延滞了我国推进海洋事业发展进程;又加上中国的地理位置、历史及其他原因,即主客观要素或原因,致使我国在海洋问题上的举措并不充分和有力,从而积累了众多的海洋问题,且有不断恶化的倾向,呈现严重影响及损害国家主权和领土完整的趋势。

随着改革开放的不断深化,我国的经济实力和海洋科技装备实力不断提升(例如,"海洋石油201"、"海洋石油981"的建成与使用,"蛟龙"号载人潜水器7000米级海试在马里亚纳海沟试验区的成功),已经初步具备了经略海洋的基础和条件,所以,在陆地资源无法承载中国进一步持续发展的态势下,需要不断地开发利用海洋及其资源,包括进出原材料及产品依托海洋。在对外交流不断深化、国际经济不断融合

并一体化的背景下,海洋及其资源对中国的必要性、重要性,中国对海洋资源的依赖度不断显现,且积极开发利用海洋及其资源已成为可能。随着《联合国海洋法公约》的实施,包括专属经济区制度、大陆架制度及岛屿制度的实施,以及区域海洋制度(例如《南海各方行为宣言》)的模糊性和缺陷,各国对海洋空间及其资源的开发和保护活动频繁,从而引发了诸如东海问题、南海问题等那样的敏感问题,恶化了中国周边的海洋安全环境。为此,在多国加强海洋活动包括制定和实施海洋战略、海洋法制,强化海洋管理的当今时代,我国也应适应各种海洋情势变化和发展趋势,采取具体措施,以加快制定和实施国家海洋战略步伐。所以,党的十八大报告提出建设海洋强国战略目标是时代的产物和要求,完全符合时代发展之潮流。

3. 中国海洋强国战略的发展进程。建设海洋强国战略目标,是我国党和政府应对海洋问题尤其是新世纪以来海洋政策特别是海洋经济发展政策的深化和提升,具有连续性及一贯性的特点。例如,党的十六大报告(2002年)中就提出了"实施海洋开发"的任务。国务院2003年5月批准实施的《全国海洋经济发展规划纲要》第一次明确提出了"逐步把中国建设成为海洋强国"的战略目标。国务院在2004年的《政府工作报告》中提出了"应重视海洋资源开发与保护"的政策。在《"十一五"规划纲要》(2006年)中提出了我国应"促进海洋经济发展"的要求。2009年的《政府工作报告》又强调了"合理开发利用海洋资源"的重要性。《中共中央关于制定"十二五"规划的建议》(2011年)指出,我国应"发展海洋经济"。以此为基础的《"十二五"规划纲要》(2012年)第十四章"推进海洋经济发展"指出,我国要坚持陆海统筹,制定和实施海洋发展战略,提高海洋开发、控制、综合管理能力。2014年的《政府工作报告》指出,海洋是我们宝贵的蓝色国土,要坚持陆海统筹,全面实施海洋战略,发展海洋经济,保护海洋环境,坚决维护国家海洋权益,大力建设海洋强国。2015年的《政府工作报告》指出:"我国是海洋大国,要编制实施海洋战略规划,发展海洋经济,保护海洋生态环境,提高海洋科技水平,强化海洋综合管理,加强海上力量建设,坚决维护国家海洋权益,妥善处理海上纠纷,积极拓展双边和多边海洋合作,向海洋强国的目标迈进。"

这些报告和规划中的内容无疑为我国推进海洋事业发展,特别是建设海洋强国提供了重要政治保障,可见,建设海洋强国目标是我国结合当前国际国内发展形势特别是海洋问题发展态势,将我国长期以来应对海洋问题的政策和措施予以汇总和提升的背景下提出的,是一项明显地具有政治属性的重要任务,现已成为国家层面的重大战略。

4. 中国建设海洋强国战略与构建"和谐海洋"理念紧密关联。我国在国内层面提出的建设"海洋强国"目标,是与我国在国际层面提出的构建"和谐海洋"理念相呼应的,是完善国际层面应对海洋问题的重要国内措施。我国在2009年中国人民海军诞生60周年之际,根据国际国内形势发展需要,提出了构建"和谐海洋"的倡议,以共同维护海洋持久和平与安全。"和谐海洋"理念内容为:坚持联合国主导,建立公正合理的海洋;坚持平等协商,建设自由有序的海洋;坚持标本兼治,建设和平安宁的海洋;坚持交流合作,建设和谐共处的海洋;坚持敬海爱海,建设天人合一的海洋。其不仅是时代发展的要求和产物,也具有深厚的国际法基础。构建"和谐海洋"理念的提出,也是我国国家主席于2005年9月15日在联合国成立60周年首脑会议上提出的构建"和谐世界"理念在海洋领域的具体化,体现了国际社会对海洋问题的新认识、新要求,标志着我国对国际法尤其是海洋法发展的新贡献。

5. 21世纪海上丝绸之路战略构想是确保我国实现海洋强国战略的重要保障措施。2013年9月7日和2013年10月3日，国家主席习近平在分别访问哈萨克斯坦和印度尼西亚时提出了"丝绸之路经济带"和"21世纪海上丝绸之路"的战略构想。2013年10月的中央经济工作会议再次明确指出，要抓紧制定战略规划以推进丝绸之路经济带建设，并加强海上通道互联互通建设以促进21世纪海上丝绸之路发展进程。

国家主席习近平在中国周边外交工作座谈会（2013年10月24—25日）上指出，要着力深化互利共赢格局，积极参与区域经济合作，加快基础设施互联互通，建设好丝绸之路经济带、21世纪海上丝绸之路，构建区域经济一体化新格局。2013年11月12日，中国共产党第十八届中央委员会第三次全体会议通过的《中共中央关于全面深化改革若干重大问题的决定》指出，应建立开发性金融机构，加快同周边国家和区域基础设施互联互通建设，推进丝绸之路经济带、海上丝绸之路建设，形成全方位开放新格局。2014年12月中央经济工作会议指出，推进丝绸之路经济带建设，抓紧制定战略规划，加强基础设施互联互通建设，建设21世纪海上丝绸之路，加强海上通道互联互通建设，拉紧相互利益纽带。2015年《政府工作报告》指出，推进丝绸之路经济带和21世纪海上丝绸之路合作建设；加快互联互通、大通关和国际物流大通道建设；构建中巴、孟中印缅等经济走廊。经国务院授权，国家发展改革委、外交部、商务部于2015年3月28日发布了《推动共建丝绸之路经济带和21世纪海上丝绸之路的愿景与行动》文件。这些文件尤其是上述"一带一路"愿景与行动文件，为我们全面理解"一带一路"的背景、实施原则和合作重点、合作机制等方面的内容提供了方向和目标，对于推进"一带一路"建设进程有重要的指导作用和实践意义。

(1) 21世纪海上丝绸之路战略构想的背景及定位。丝绸之路经济带和21世纪海上丝绸之路战略构想的提出,是因应我国经济社会持续发展,消除美日等国"围堵"中国进出海洋,确保海上运输通道安全,将我国经济、产业、文化优势转化为政治和外交正能量,消除亚太"二元"权力结构,着力改善中国与周边国家关系,确保安全环境,逐步确立中国在亚太的权力中心地位,充实世界多极化发展趋势的重要战略举措。对于确保我国大国外交政策方向,树立区域大国良好形象,承担国际责任,确保国家安全等具有重大意义。

同时,21世纪海上丝绸之路战略构想是中国和平发展战略体系的重要组成部分和具体路径选择,也是丰富和实施我国外交大战略(新亚洲安全观、利益和命运共同体、新型大国关系、全球治理、和而不同等)的具体倡议和有力措施,更是对和谐世界、和谐海洋、共同发展、共同安全理念的丰富和发展,是我国建设和实现海洋强国战略的必要举措,所以,必须运用综合性的力量加快规划和推进落实,为世界多极化的发展、稳固世界安全做出中国的贡献。

(2) 21世纪海上丝绸之路战略构想的基本特征。不可否认,中国提出的构建21世纪海上丝绸之路战略构想是适应新时期、新发展和新秩序的必然产物。传统意义上的丝绸之路是在中国逐步衰落的过程中消失的,基本特征为东方文明被西方文明所替代,所以,中国的发展需要运用新举措和新理念为世界和区域的进一步发展和稳固新秩序、确保集体安全等做出贡献,为此,中国提出的21世纪海上丝绸之路战略构想,是适应时代发展的必然产物,以逐步地恢复"东方文明"在世界中的地位和作用,也是确保中国的大国强国地位、发挥中国积极作用和重要贡献的必然要求。

从21世纪海上丝绸之路战略构想的背景和意义看,其主要具有以下基本特征:时代性、战略性、安全性、综合性、互利性、阶段性、和平性、开放性和共同性。换言之，21世纪海上丝绸之路战略构想能否成功实施，需要得到各国的积极响应和有力参与，也需要克服和消除各种挑战和威胁，以共同实现和平、安全、发展和共赢的目标。

(3) 21世纪海上丝绸之路战略构想的实施路径及挑战。众所周知，规划和实施21世纪海上丝绸之路战略的主要目的为，通过发挥中国在基础设施建设、产业生产能力、历史文化和资金储备等方面的优势，提升国家和区域之间的合作能力，确保中国海上运输通道安全，发挥中国积极作用。所以，在构建21世纪海上丝绸之路战略的过程中势必会遇到一些挑战和威胁，特别需要有阶段、分步骤、有重点地处理国家之间的关系，树立中国的和平发展形象。

从我国能源资源与商品贸易的来源和依赖性看，21世纪海上丝绸之路存在不同的区域板块和特点。首先，东南亚国家是关键。中国必须重点处理好与东南亚国家之间的关系，特别需要稳控诸如南海争议那样的问题，使其不影响中国与东盟关系的大局，确保航行安全；同时，应加强对马六甲海峡多国合作管理的参与力度和机制建设投入。其次，南亚国家是重点。关键应处理好中国与印度之间的关系，因为印度的发展需求、广阔的市场等其与中国合作（海上合作）的潜力巨大。再次，中东是我国进口石油的主要来源地，所以必须与中东国家处理好关系。在美国等国家撤出阿富汗和伊拉克后，中国就如何参与这些国家的经济建设、确保其国家安全等应采取必要的措施，因为这是发挥中国优势的有利时机。最后，欧盟和其他国家是基础。欧盟不仅是中国最大的贸易伙伴，也是国际机制的发源地，所以，中国也应继续处理好与欧盟国家之间的关系，特别应正确地处理乌克兰事件，避免中国选边站带来的问题，从而冲击中国发展的战略环境。此外，澳大利亚和非洲等地是我国矿产资源进口来源地，尤其在非洲我国应加快基础设施建设、培训当地管理人员、增加企业社会责任等，尽力在改善和提升非洲国家治理能力等方面采取必要的援助政策和措施。

总之，在构建21世纪海上丝绸之路战略的过程中，会出现各种困难和挑战。为此，我国不仅要统筹规划，全面合理部署，特别需要有重点、分阶段地选择一些友好国家予以先期合作，重点突破，逐步实现"海上战略合作伙伴关系"目标，为我国在主要海上通道上的国家内共建港口、获取和增设补给点等创造有利的条件和基础，以应对海上危急事态，确保运输通道安全。在此，不仅要发挥当地华侨的影响和作用，同时也要对中国海外投资的企业承担社会责任的贡献予以统筹谋划，为消除中国的不利影响而不断努力。

(4) 21世纪海上丝绸之路实施的原则及机制建设。我国在规划和推进21世纪海上丝绸之路战略构想时，重点应关注和遵守以下原则。具体为：坚持国家主权平等和开放包容透明的原则，加强政治互信坚持睦邻友好原则，真诚发展与包括东盟在内的国家间友好关系原则，扩大合作实现互利共赢原则，关切他方诉求实现利益相对最大化原则，利用和平方法构筑命运共同体原则，兼顾国内国际两个大局的原则等。这些原则体现了"开放合作、和谐包容、市场运作和互利共赢"的本质，完全符合现今国际国内形势和时代发展潮流。

同时，为推进21世纪海上丝绸之路战略目标，应合适地规划、利用好各种海上合作基金、丝路基金和特定基础设施银行贷款制度，特别应制定规范且符合形势发展和国家特点的制度性规范。通过政策沟通、设施连通、贸易畅通、资金融通、民心相通等路径，丰富和发展21世纪海上丝绸之路国家之间的合作共赢关系，实现政治关系更加友好，经济纽带更加牢固，安全合作更加深化，人文联系更加紧密的目标。其中推进"一带一路"合作重点的五个主要内容之间的关系为：加强政策沟通是

"一带一路"建设的重要保障；基础设施互联互通是"一带一路"建设的优先领域；投资贸易合作是"一带一路"建设的重点内容；资金融通是"一带一路"建设的重要支撑；民心相通是"一带一路"建设的社会根基。

尽管21世纪海上丝绸之路战略构想是中国的倡议，但在建设过程中应秉持共商、共建、共享原则，因为，其不是封闭的，而是开放包容的；其不是中国的"独奏"，而是沿线国家的"合唱"。所以应予以统筹规划和综合部署，特别应积极发挥各省（市）、区的独特优势和功能，协调政府和企业等主体之间的关系，让他们积极地参与21世纪海上丝绸之路建设进程，为此，建议由国家安全委员会予以统筹协调，包括积极推进国家海洋委员会，发挥重组国家海洋局和设立中国海警局的职权和功能，以应对可能出现的问题和挑战，实现具体的分阶段战略目标，为中国推进实施海洋强国战略提供保障。

二、中国建设海洋强国的路径及基本特质

从上述我国针对海洋问题的政策和措施看，我国主要是通过发展海洋经济的路径来推进国家海洋事业的发展，并提升国家开发利用海洋及其资源的能力，从而为建设海洋强国提供服务和保障。这种安排及选择是由海洋经济在我国经济社会发展进程中的地位决定的，也易被国际社会所接受，所以是一个比较合适的可行路径。

1. 推进海洋强国建设的路径选择。我国的海洋经济产值在国内生产总值中的地位与作用正日益稳固，并有继续发展的趋势，这是推进我国"海洋强国"建设的重要路径选择。特别是进入21世纪以来，我国海洋经济总量持续增长，例如，在2001—2006年间，全国海洋生产总值对国

民经济的贡献率或占比由8.71%上升到10.06%。2007年，我国的海洋生产总值为24939亿元，占当年国内生产总值的比重为10.11%。2008年，我国的海洋生产总值为29662亿元，占国内生产总值的比重为9.87%。2009年，我国的海洋生产总值为31964亿元，占国内生产总值的比重为9.53%。2010年，我国的海洋生产总值为38439亿元，占国内生产总值的比重为9.70%。2011年，我国的海洋生产总值为45570亿元，占国内生产总值的比重为9.70%。2012年，我国的海洋生产总值达50087亿元，占国内生产总值的比重为9.60%。2013年，我国的海洋生产总值达54313亿元，占国内生产总值的比重为9.5%。2014年，我国的海洋生产总值达59936亿元，占国内生产总值的9.4%。可见，我国的海洋生产总值占国内生产总值约10%的比例，是一个可以继续大有作为的产业，也是推进绿色发展的重要领域，更有利于生态文明建设进程，为此，我国必须紧紧抓住机遇，采取有力措施推进海洋经济持续发展。

2. 中国的安全威胁主要来自海上。为发展海洋经济，我国必须合理处理影响海洋经济发展的重要海洋问题，消除海洋经济发展障碍，以维护海洋权益，并保障海洋经济发展的安全环境。可以预见，影响当今与未来中国国家安全的威胁主要来自海上，即所谓的海洋问题引发的海洋安全乃至国家安全问题。而海洋安全是指国家的海洋权益不受侵害或遭遇风险的状态，也被称为海上安全、海上保安。其分为传统的海上安全和非传统的海上安全。传统的海上安全主要为海上军事安全、海防安全，而海上军事入侵是最大的海上军事安全威胁；海上非传统安全主要为海上恐怖主义、海上非法活动（海盗行为）、海洋自然灾害、海洋污染和海洋生态恶化等。

第一，我国与主要周边国家的陆地勘界工作基本结束，来自陆地的威胁将明显减少。例如，中国已同14个陆地邻国中的12个解决了历史遗留的边界问题,坚持通过对话谈判处理同邻国的陆地领土问题,确保了与周边国家间的和平稳定关系。

第二,随着我国对外开放政策的进一步深化、全球化的深入,我国开发利用海洋的频度和力度将不断拓展及提升,所以,来自海洋的问题必然增加。特别是如上所述海洋经济已发展成为我国国民经济的重要组成部分,并有继续发展的态势,同时,我国进一步依赖海洋及其资源的趋势仍将继续增强。目前,我国进出口货物总量约90%是通过海洋运输的,进口石油的99%、进口铁矿石的95%、进口铜矿石的80%,也都依靠海上运输,因此,保护与海洋有关的利益多种多样,相应的海洋问题必增。

第三,我国是一个海洋地理相对不利的国家,与多国存在岛屿归属和海域划界争议问题。如果这些问题(例如东海问题、南海问题)不能很好地控制并解决,将影响我国的海域安全(包括管辖海域显现的安全和潜在的安全),特别是海上通道和海上冲突事故的发生,严重影响我国的海洋安全及国家安全利益。

第四,我国的经济科技发展已具备由陆地转向海洋的基础和条件,同时,我国海上力量的布局和发展,包括国防力量的加强,例如航空母舰"辽宁"号的入列及使用,很容易被他国误读和误判,导致海上力量、武器装备等方面的军备竞赛,相应地引发海洋问题的可能性也将增加。

3. 中国海洋强国战略的基本指标。国际社会并不存在关于"海洋强国"的具体指标及特征,也无统一规范的定义或概念。传统意义上的海洋强国是指拥有强大海权的国家,而所谓的海权是指在通商、海运力量、海军力量和利用海洋资源能力等方面具有综合影响力的国家。传统的海洋国家(强国)是依靠海洋通商及海军力量确立霸权的国家,而现今的海洋国家（强国）重点是指为海洋通道的国际共同管理贡献力量、国家的存亡严重依赖海洋的国家。

马汉认为，海权包括凭借海洋或通过海洋能够使一个民族成为伟大民族的一切东西；而构成海权的三个要素为：生产、海运和殖民地。它们之间的关系为：生产的目的在于交换，海运就是用来进行不断交换的，殖民地则是为了促进、扩大以及保护海运。影响各国海权的主要因素包括：地理位置；自然结构，包括与此有关的物产和气候；领土范围；人口；民族特点；政府的性质，包括国家机构。

实际上，海权的要义在于"制海"或"控海"，最终是要"用海"，而经济利益才是海权最重要的意义或本质。所以，在世界海权兴衰交替500余年的历史进程中，控制和利用海洋一直是世界大国追求的目标，然而其追求海权的历史命运截然不同。有的国家通过发展海权实现了国家长久的强盛（英、美）；有的国家则惨遭失败乃至国运衰落（法、德）；有的国家的海权保持了长久的存在（英、美），有的国家则很快完成了从崛起到衰落的蜕变（葡萄牙、西班牙、荷兰）；还有的国家的海权追求一方面促进了国家崛起，但过度追求又成为国家衰落的根源（俄—苏）。因此，科学总结和借鉴历史上海洋强国兴衰的经验教训，无疑有助于中国实现海洋强国的建设目标。

不可否认，"海洋强国"中的关键词"强"是一个综合性的概念，需要运用经济、科技、军事、政治等领域的多个因素，用多个指标或参数来衡量。有学者将"海洋强国的标准"归纳为两个方面：第一，涉海收入对国家发展的贡献程度；第二，涉海产出对世界的影响程度。不可否认，这两个关于海洋强国的标准体现了国家在内部对海洋的依存度和重要性，国家在外部对海洋的控制性和影响力。

一般认为，成为海洋国家尤其是海洋强国的要件，主要包括以下方面：(1)地理上的要件。即属于地理上的岛国或沿海国，其具有不变性，是一个常量。(2)意念或意识上的要件。依靠技术尤其是海洋装备和开发资源的技术与意识改变人类的地理感觉，从而影响人类的行动方式和决策，其具有联动性。(3)技术上的要件。发达的技术包括交通运输技术和军事保障技术是连接地理和意识上的工具，其具有可变性，是一个变量。所以，沿海国家要成为海洋强国必须将常量和变量有机地结合，并高度重视海洋意识和海洋文化，确立正确的海洋观，包括尊重海洋自身的自由、民主，海洋管理的开放性、合理性和平等性等要素，进而确保海洋强国战略目标的实现。

鉴于海洋空间及其资源在国际社会发展中的重要性，尤其是《联合国海洋法公约》的生效（1996年11月16日），且其已成为综合规范海洋问题的法典，所以，依据和对照《联合国海洋法公约》的原则和制度，界定"海洋强国"的基本指标或特征是比较合理的。为此，结合中国的国情和经济社会发展趋势，笔者认为，中国海洋强国战略的基本指标，主要包括以下方面：

第一，海洋经济发达。此处的海洋经济为广义的概念，是指与海洋经济活动有关的产业，包括海洋油气资源的勘探、开发和运输产业，船舶制造及修复技术产业，渔业加工制造及养殖产业，环境保护产业等相当发达。特别需要发展战略性海洋新兴产业，例如，海洋生物医药产业、海水淡化和海水综合利用、海洋可再生能源产业、海洋重大装备业和深海产业，以持续支撑海洋经济发展，实现海洋经济向质量效益型转变。

第二，海洋科技先进。具有支撑开发利用海洋空间及其资源与保护海洋环境的先进科技装备，海洋环境监测、应对污染及灾害等的先进技术及装备。换言之，需要具有与海洋经济发展水平相称的海洋科学技术及装备，以保障海洋经济发展后劲，实现海洋科技向创新引领型目标转变。

第三，海洋生态环境优美。我国应具备综合管理海洋空间及其资源的能力，特别需要具有预防、保护和修复海洋环境污染的能力，实现可持续发展目标，为此，需要进一步构建或完善我国周边海域海洋数据的监测、汇集及处理的体系，并加大对污染者或损害者的惩罚措施。同时，应积极开发海洋娱乐项目，以更好地服务国民需求，使其享受海洋生态环境优美的益处和成果，实现海洋开发方式向循环利用型目标转变。

第四，具有构建海洋制度及体系的高级人才队伍。人才是各项工作顺利推进的关键要素，作为海洋强国，应在国际和区域及双边海洋领域的制度建构中，具有充分的话语权，以体现国家的立场与主张，反映国家的需求和利益。为此，应该积极创造条件，培养与海洋领域有关的高级人才队伍，使这些领域的人才不断涌现，并为国家海洋事业贡献力量，体现海洋大国的人才优势，为完善海洋制度和体系提供保障。

第五，海上国防能力强大。党的十八大报告指出，我国应建设与国际地位相称、与国家安全和发展利益相适应的巩固国防和强大军队，这是我国现代化建设的战略任务。在海洋问题上，为应对我国生存、发展及拓展的海洋利益，我国应加强海上国防能力建设，坚定捍卫国家主权和领土完整及海洋权益，特别需要遵循海陆统筹并综合协调的原则。换言之，建设强大的海上国防能力，是我国合理处理海洋问题争议、海洋灾害事故及应急处置海洋问题，确保海洋安全环境的重要保障，也是建设海洋强国战略的重要指标，实现海洋维权向统筹兼顾型目标转变。

在上述构成海洋强国战略的主要指标中，它们之间的关系为：发展海洋经济是建设海洋强国的重要手段和基础；海洋科技是建设海洋强国的技术保障，也是增强海洋开发能力的重要支柱；海洋生态环境优美是建设海洋强国的重要目的之一；高级海洋人才队伍不断涌现是建设海洋强国的持续动力和捍卫国家海洋权益的重要利器；强大海上国防力量是建设海洋强国的必要依托和保障力量。总之，它们之间紧密关联，不可分割，应该全面规划和整体部署，共同推进和提升，切不可偏废任何一个方面，否则，我国建设海洋强国进程将受阻或延误。

4. 中国海洋强国战略的基本特征。中国海洋强国战略是中国和平发展战略的重要组成部分，应符合中国的具体国情和实际。其基本特征主要体现在以下方面：

第一，和平性。中国海洋强国战略的成型和实施，坚守通过和平的方法和手段予以不断地丰富和完善的原则。这完全符合时代发展的潮流和趋势，符合中国倡导的新安全观（互信、互利、平等、协作），也符合中国和平发展进程目标。

第二，互利性。中国海洋强国战略的实施不以中国获取最大海洋资源及利益为目的，应兼顾其他国家的合理诉求和关切，寻求适当的利益平衡，以确保互利、共赢原则的实现。

第三，合作性。海洋问题错综复杂，紧密关联，单靠一个国家很难妥善地应对和处理，所以，在实现中国海洋强国战略的进程中，应采取多层面合作的方式推进实施。

第四，阶段性。由于海洋问题复杂、敏感，尤其在主权问题上相关国家一般很难做出妥协和让步，所以，中国在实施海洋强国战略的过程中，应采取阶段性的步骤比较公平地解决。换言之，应坚守条件成熟时比较公平合理解决海洋问题的原则，不应采取条件并不成熟的情形下，强行采取措施解决海洋争议问题的立场和政策。

第五，安全性。中国在实施海洋强国战略的进程中，将会采取有力措施确保国际海域的通道安全，包括继续派遣海军参与实施海盗打击行为，以确保国际社会使用海域的安全和海洋利益，尤其是航行和飞越自由安全。中国海洋强国战略的上述主要特征，完全符合中国一贯的主张和追求，也符合国际法包括《联合国宪章》、《联合国海洋法公约》、《南海各方行为宣言》等规范的原则和要求，容易被国际社会所接受，为此，进一步加大中国海洋强国战略的宣传，树立符合形势发展的海洋观，就显得特别重要和迫切。

应该强调指出的是，国务院总理李克强在中(国)希(腊)海洋合作论坛上的讲话——《努力建设和平合作和谐之海》所倡导的新海洋观（和平、合作、和谐），不仅反映了国际社会对于海洋治理的要求和本质，也符合中国一贯主张和实践的海洋理念，反映了中国对海洋制度和秩序的真切愿望，其对于构筑海洋秩序和管理制度具有重大的意义，必须得到切实遵行。在中国的新海洋观中，和平是手段，合作是方式，和谐是目标。

从上述中国海洋强国战略的特征可以看出，中国建设海洋强国战略进程的步骤将是有序的，目标将是有限的，重点是维护和确保中国的海上权益，力量运用方式将是和平的和综合性的，区别于传统海洋霸权国家的模式，即多依靠军事力量，包括设置军事基地和海外据点，以及海外殖民地的方式扩展和维持海洋霸权。换言之，中国将采取综合性的力量，包括政治、外交、经济、法律、文化和军事等多种手段，采取合作的方式，并发展与中国实力相称的军事力量，有序解决推进海洋强国建设进程中遇到的困难和挑战，维护和确保海上权益，逐步实现海洋强国战略目标。

综合上述观点，中国海洋强国战略的概念可以界定为，中国将以国际社会规范的原则和制度，通过和平的方法发展海洋经济，发展海洋科技装备，提升海洋资源开发和利用能力，加强对海洋资源和利益的综合管理。包括完善海洋体制机制建设，适度发展海上军事力量，在不损害国家核心利益的基础上，力争优先运用和平方法解决海洋争议，争取海洋利益相对最大化，以实现保护海洋环境，维护国家海洋权益，确保国家海洋安全，把我国建设成为与中国的国情与现实发展需求相适应的海洋国家，实现具有中国特色的海洋强国之梦。

总之，具有中国特色的海洋强国战略，在政治和外交上的目标为不称霸及和平发展；在政策和理论上应构建科学的海洋理论体系；在海洋文化上应构建先进的海洋文化体系和海洋观；在海洋经济上应构建现代化的海洋经济体系；在海洋管理上应构建综合协调管理保障体系；在海上安全上应构筑强大的海权和海洋力量体系。

5. 中国海洋强国战略的定位。党的十八大报告指出，我国仍处于并将长期处于社会主义初级阶段的基本国情没有变，人民日益增长的物质文化需要同落后的社会生产之间的矛盾这一主要矛盾没有变，我国是世界最大发展中国家的国际地位没有变。鉴于此国情与地位，我国应分阶段有步骤地推进海洋强国建设目标，包括区域性海洋强国和世界性海洋强国。

应指出的是，有学者平衡考虑必要性和可行性，将中国海洋强国的地位或目标分为三个方面：第一，有效管理、控制、威慑部分海域，成为地区性海上优势力量。第二，拥有雄厚的海洋外交实力，能对地区和世界海洋事务及国际海洋秩序拥有强大的影响力，成为国际海洋政治大国。第三，合理有效地利用各类海洋资源，成为世界海洋经济强国。也有学者依据历史经验、现实条件、历史启示，将中国海洋强国建设界定为：建设综合性的海洋强国，走陆海统筹的复合型海权发展道路，走有限性与和平式海权发展道路等方面。

(1) 区域性海洋强国。党的十八大报告指出，综观国际国内大势，我国仍处于可以大有作为的重要战略机遇期。为此，针对建设海洋强国战略目标，我国应使海洋问题对我国和平发展进程的影响或阻碍降低到最低限度。而我国和平发展的不懈追求是，对内求发展、求和谐，对外求合作、求和平。具体而言，就是通过中国人民的艰苦奋斗和改革创新，通过同世界各国长期友好相处、平等互利合作，让中国人民过上更好的日子，并为全人类发展进步做出应有的贡献。这已上升为国家意志，转化为国家发展规划和大政方针，落实在中国发展进程的广泛实践中。笔者认为，在此战略机遇期内，重点应解决我国与东盟国家之间存在的南海争议，以确立区域性海洋强国之地位。

在应对和处理南海问题时，尤其应遵守《南海各方行为宣言》及其后续在各国间规范的原则和制度，依据包括《联合国海洋法公约》在内的国际法的原则和制度，优先通过和平方法尤其是政治方法或外交方法解决南海问题。为此，需要找寻各方利益的共同点和交汇点，在追求自身国家利益的同时，也应合理照顾他国的关切及主张，达成较好的平衡，基本确保各国在南海开发利用海洋及其资源的利益，实现可持续的良性发展目标。

为此，我国应加快构筑中国—东盟海上丝绸之路步伐，包括与东盟国家之间积极协商，制定南海行为准则等，以稳妥地处理南海问题，尤其应加强海洋低敏感领域的合作步伐，避免问题复杂化、扩大化和国际化，实现积极利用南海的海洋资源和空间、稳定南海区域安全目标，其政策取向为实现南海资源及空间的功能性和规范性的统一。

(2) 世界性海洋强国。为实现我国建设海洋强国战略目标，我国应在成为区域性海洋强国的基础上，合理地处理和解决东海问题和台湾问题，以实现国家和平统一大业，确立中国世界性海洋强国地位。

针对包括钓鱼岛问题在内的东海问题，我国已初步构建了钓鱼岛及其附属岛屿与周边海域的领海领空制度。为此,今后我国应努力在完善国内相关法律制度方面进一步采取措施,特别应完善我国在钓鱼岛及其附属岛屿周边海域的巡航执法管理制度,在其领海内规范外国船舶的无害通过制度,以及中国东海防空识别区航空器识别规则实施细则等;同时,应补充完善海洋法律体系,诸如设立中国海警局组织法之类的制度性规范,以坚定地捍卫国家主权和领土完整。此外,针对钓鱼岛问题以外的东海问题,诸如东海海域共同开发、合作开发问题,我国应继续与日本展开协商和谈判工作,以切实履行中日外交部门于2008年6月18日公布的《中日关于东海问题原则共识》规范的要求和义务,以实现共享东海海底资源、安定东海秩序之目标。为此,我国应尽早制定在东海海域实施共同开发的制度性规范。

为实现将东海之海变成和平、合作、友好之海的愿望,中日两国应继续利用现有双边对话协商机制,例如,中日海洋事务高级别磋商机制、中日战略对话机制、中日副外长级对话机制,以及中日东海问题原则共识政府间换文谈判机制,尤其应将钓鱼岛问题也纳入中日对话协商议题,以综合性地解决包括钓鱼岛问题在内的东海问题。尽管2014年11月7日,中国国务委员杨洁篪和日本国家安全保障局局长谷内正太郎分别代表各自政府,就处理和改善两国关系达成了四点原则共识,包括同意通过对话磋商防止东海海空局势恶化,建立危机管控机制,避免发生不测事态等,但中日两国最终解决钓鱼岛问题仍有很大的难度。

为实现我国区域性海洋强国和世界性海洋强国之建设目标,我国在各个时期的战略目标(综合性目标和阶段性目标)可分为以下几个阶段,具体为:

第一,近期战略目标(2015—2020)。主要为设法防止海洋问题的升级或爆发，采取基本稳定现状的立场，逐步采取可行的措施，设法减少海洋问题对我国进一步的威胁或损害，以利用好战略机遇期。具体目标为，完善海洋体制机制建设，包括完善诸如国家海洋委员会那样的组织机构，完善海洋领域的政策与法律制度。

第二，中期战略目标（2021—2040）。创造条件，利用国家综合性的力量，设法解决个别重要问题（例如南海问题），实现区域性海洋强国目标。采取自主开发、加强控制为主，合作开发和共同开发为辅的策略。

第三，远期战略目标（2041—2050）。在我国具备充分的经济和科技等综合实力后，全面处置和解决海洋问题，完成祖国和平统一大业，实现世界性海洋大国目标。具体目标为，无阻碍地管理300万平方公里的我国管辖海域，适度自由地利用全球海洋空间及其资源。

第四，终期战略目标（2051—2080）。即在我国改革开放约100周年之际，运用我国的综合性实力，实现世界性海洋强国目标。具体目标为，具有快速应对各种海洋灾害、海洋事故等的投送和处置能力，使海洋问题引发的灾害活动得到及时有效地处置；同时，为国际社会提供多种公共产品，体现治理海洋的制度设计的能力，实现和谐海洋和综合治理海洋的目标。

三、中国建设海洋强国的具体措施与法律制度

中国推进海洋强国建设的具体措施，主要体现在国内层面、区域层面和国际层面。

1. 中国推进海洋强国的具体措施。

(1) 国内层面的措施。在国内推进我国海洋事业发展、建设海洋强

国的具体措施，主要为：

第一，我国应抓住当前的有利时机，结合主要海洋国家制定和实施的海洋战略和政策实践，制定和实施国家海洋战略（包括海洋发展战略和海洋安全战略），完善海洋体制和机制，以共同维护国际和区域海洋秩序，确保国际社会的共同利益和国家利益（生存和发展利益）。

第二，我国应遵循国际法和海洋法的原则和制度，优先综合而合理地处理中国面临的各种海洋问题，使其对我国的影响或威胁降低到最小限度，适度加强对深海、远海的开发管理。在此特别应适用国际、区域及双边合作原则，以实现和谐海洋目标。

第三，进一步明确中国政府针对海洋问题的政策与立场，发布中国针对海洋问题的政策白皮书，包括加强大陆与台湾地区海洋问题合作进程，发布中国针对南海断续线政策白皮书（学者版、政府版），公布我国所属领土岛礁的领海基线并加强对其的开发和管理。

第四，进一步完善我国的海洋政策与法律制度。深入考察我国针对海洋问题的政策，包括"主权属我、搁置争议、共同开发"，海洋争议问题解决模式，分析利弊得失；提升国民海洋意识和教育活动，包括创设海洋论坛，设立海洋网站，建立海洋研究基金会，扩大海洋教育和研究机构规模；进一步制定和完善我国海洋法律制度，包括制定海洋基本法、海域巡航执法条例等，修改涉外海洋科学研究管理条例，完善相关部门法规等。

第五，为完善或补缺海洋要素或海洋领域政策缺陷，发展中国海洋事业，拓展海洋利用范围，我国应完善并实施海洋领域具体规划。例如，海洋产业规划，海洋科技规划，海洋资源调查与环境保护规划，开发和保护海岛规划，海洋人才发展规划，深海开发规划，极地利用及合作规划等，以全面提升应对和处理海洋问题的能力与水准，确保中国在海上的发展和利益拓展，满足海洋强国战略体系指标或要求。

(2) 区域层面的措施。以南海问题为例，笔者认为，我国为实现区域性海洋强国的具体措施，主要为：

第一，我国应努力缔结中国与东盟国家之间的南海共同巡航和渔业管理合作制度，维护南海区域和平与航行安全，保障各国资源能源供应。换言之，应缔结区域性海洋低敏感领域的合作制度，如努力构筑区域性共同巡航和渔业管理合作制度，尽力缔结执法联络机制和危机管理制度，加强南海区域海洋环境保护，维护区域海洋秩序，共享区域海洋空间及其资源利益。

第二，中国不仅应就缔结诸如"南海行为准则"那样的具有法律拘束力文件的谈判进程做出努力，也应适时提出自己的文本及具体愿望，以供讨论。持续努力与东盟的个别国家就争议岛屿归属问题展开双边谈判，并争取成果，以向国际社会证明通过双边谈判可以解决中国与东盟国家之间的岛屿归属争议问题，延缓或阻止南海问题的区域化、国际化进程。

第三，发挥上海合作组织的优势和作用，加快该组织内资源合作步伐。同时，中国应与俄罗斯加快海洋问题合作进程，包括在北极区域就资源调查和环境保护、科学考察等活动展开合作，以丰富中俄战略合作伙伴关系内涵。

第四，切实实施区域层面规范的制度，并加强双边合作进程。南海及其附近海域是周边国家生存和可持续发展重要的资源保障，中国政府于2012年1月批准了《南海及其周边海洋国际合作框架计划（2011—2015年）》。这是依据《南海各方行为宣言》的原则和精神，加强各国间合作并共享南海资源的重要制度，目的是通过学术交流、合作调研、能力建设、学位教育与培训、加强与国际组织和国际计划合作等方式，推动与南海及印度洋、太平洋周边国家在海洋领域的合作，以增进双边互信，维护地区和平，共同开发利用海洋，应对气候变化。通过一年的运作，各国高层已达成了海洋合作共识，建立了双边机制化的合作平台（例如，中国—印尼海洋与气候联合研究中心、中泰气候与海洋生态系统联合实验室），多边共同实施了一批合作项目（例如，中国与印尼、泰国、马来西亚等国家开展了季风观测、海气相互作用等合作项目）。应该说，中国与东盟国家之间缔结的实施海洋低敏感领域的合作制度，是进一步缓和南海问题升级，避免复杂化和国际化及最终解决南海问题的重要基础，各国必须持续努力并长期贯彻执行。现今重要的任务为，应加快协商讨论中国与东盟之间的海上丝绸之路建设步伐，适度加快诸如南海行为准则磋商进程，为合理处理南海问题创造有利的制度性条件和基本框架，以共享南海资源利益，确保南海区域安全。

(3) 国际层面的举措。我国为实现世界性海洋强国的具体措施，主要为：

第一，深入研究和遵守《联合国海洋法公约》的原则和制度，适度发挥中国的综合优势和作用，争取在修改和完善《联合国海洋法公约》相关制度，包括就军事活动问题努力缔结新的补充协定方面做出中国的贡献，提升中国的话语权。第二，发挥中国的主导作用，就国际海峡和海域通道安全举行论坛，在此基础上缔结国际通道维护和管理制度，确保国际社会的共同利益。第三，加强对国际司法制度特别是国际法院制度的研究，为今后利用国际司法制度解决岛屿争议和海域划界问题等提供理论储备。第四，加强国际舆论宣传力度，特别需要向国际社会及时宣传中国的海洋政策及意图，针对一些疑难海洋问题，可以聘请欧美国家的专家学者提供咨询意见并发表观点，为中国的海洋政策及海洋问题解决提供重要学术支持，争取主动或有利的国际地位，努力占领舆论高点。

尽管为推进海洋强国建设，实施上述不同层面的措施是十分重要的，但从国际实践看，保障国家推进海洋强国建设的关键性具体措施，是制定国家海洋战略和完善海洋体制机制。因为，在国际、区域和双边层面关于海洋问题的制度还未健全或难以修正的情形下，国家应对和处理海洋问题的关键举措无疑依然是制定国家海洋战略，而为保障海洋战略的实现，应制定和实施综合管理海洋事务的法律，例如，海洋基本法，以统一高效地处理海洋问题，适应我国海洋体制机制改革需要。为此，有必要论述中国海洋战略及海洋基本法的内容。

2. 中国海洋（发展）战略的提出及其内容。如上所述，我国《"十二五"规划纲要》明确规定，我国应坚持陆海统筹，制定和实施海洋发展战略，提高海洋开发、控制、综合管理能力。这为我国制定和实施国家海洋发展战略提供了重要政治保障。换言之，制定和实施国家海洋发展战略是一项重要政治任务，必须认真研究、尽快完成并积极实施。

一般来说，发展国家海洋事业、建设海洋强国的基本路径或路线图为：首先，应明确国家核心利益，制定包括国家海洋发展战略在内的国家海洋战略。依据《中国的和平发展》白皮书（2011年9月），中国的核心利益包括：国家主权，国家安全，领土完整，国家统一，中国宪法确立的国家政治制度和社会大局稳定，经济社会可持续发展的基本保障。其次，完善国家海洋发展战略实施的海洋政策，包括强化海洋理念与意识，加强海洋事务协调，提高海洋及其资源控制和综合管理能力，弘扬海洋传统文化，不断开拓创新海洋科技，拓展对外交流和合作，推动我国海洋事业不断取得新成就。再次，制定海洋基本法，以保障海洋发展战略和海洋政策的推进落实，重点是进一步完善我国的海洋体制和机制。最后,制定实施海洋基本法规范的海洋领域的基本计划,以补正海洋经济发展过程中的薄弱环节或领域。

3. 海洋基本法的基本内涵及意义。尽管我国在新中国成立以来根据各个阶段的发展特点,已制定和构建了涉海领域的法律制度,基本形成了海洋法律体系。但其最致命的弱点是,我国没有在《宪法》中规定开发利用和保护海洋的条款内容。所以,在不修正《宪法》,增加"海洋"地位内容的前提下,确立"海洋"地位的方法之一,为制定综合规范海洋事务的基本法律制度,例如海洋基本法,则是一条有效而可行的路径选择。

(1) 海洋基本法的内容。笔者认为,我国制定的海洋基本法,主要应包括以下内容:宣布国家海洋政策,即汇总一直以来我国针对海洋问题的政策,包括"主权属我、搁置争议、共同开发"政策,构建和谐海洋理念,并对外做出宣传和解释;明确管理海洋事务的国家机构,例如国家海洋委员会及其办公室,以统一高效协调管理国家海洋事务;公布国家发展海洋的重要领域,包括发展海洋产业和开发活动,积极开发、利用和管理海洋及其资源,保护海洋环境,确保通道安全,研发海洋技术,加强对管辖海域的管理及调查活动,增强国民对海洋的教育和宣传工作,强化国际海洋合作等。具体来说,主要包括以下方面:推进海洋及其资源的开发和利用;加强对海洋环境的监测和保护;推进专属经济区和大陆架等资源的开发与利用活动;确保海上运输安全;确保海洋安全;强化海洋调查工作;研发海洋科学技术;振兴海洋产业和加强国际竞争力;强化对沿岸海域的综合管理;拓展海洋新空间、新资源的开发与利用活动;保护岛屿及其生态;加强国际协调和促进国际合作;增进国民对海洋的理解和认识,培育海洋人才等。

(2) 海洋基本法的原则。我国制定海洋基本法的原则,应遵循包括

《联合国海洋法公约》在内的国际法的原则和制度,具体的原则为:协调海洋的开发、利用与海洋环境保护原则;确保海洋安全原则;提升海洋教育规模和布局原则,以增进对海洋的科学认识和理解;促进海洋产业健康有序发展原则;综合协调管理海洋事务原则;参与协调国际海洋事务原则等。

应该指出的是,尽管我国制定的海洋基本法的内容,是为了宣布我国针对海洋问题的政策性宣言,但对于其他国家进一步理解和认识我国海洋问题的立场与态度十分重要。由于我国的海洋政策特别是海洋经济发展政策,具有连续性和一贯性的特点,是对先前的海洋政策与立场的汇总和提炼,所以,并不会对其他国家造成不利的影响。同时,由于海洋基本法内容重点是政策性的宣言,对海洋领域的部门法和具体法规并不会带来冲击和矛盾,相应地也未产生大幅修改和协调的问题。换言之,可以很好地处理海洋基本法与现存海洋领域其他部门法之间的关系,以维护现存海洋法律体系的完整性。

总之,我国制定海洋基本法的主要目的为,确保国家海洋战略、海洋政策的实施,发展海洋经济,合理解决海洋争议问题,保护海洋环境,拓展和维护海洋权益,确保国家核心利益,核心是促进海洋体制和机制建设,海洋基本法为统领海洋事务的综合性法律。

(3) 海洋基本法的意义。笔者认为,我国制定海洋基本法的意义,主要为:

第一,补缺和提升"海洋"的地位。如果全国人民代表大会制定了海洋基本法,则提升了"海洋"及海洋基本法的法律地位。例如,我国《宪法》第62条规定,全国人民代表大会有制定和修改刑事、民事、国家机构和其他的基本法律的职权。同时,也弥补了《宪法》第9条中未将"海洋"作为自然资源列入的缺陷,可为"海洋"入宪创造基础和条件。

第二,完善海洋法律体系。海洋基本法的制定,也为进一步完善我国海洋法律体系指明了方向与要求。因为海洋基本法的内容或海洋具体领域的发展,要求我们进一步制定和完善相关领域的法律制度,例如,海洋安全法,海洋开发法,海岸带管理法,海洋科技法等,从而推进完善我国海洋法律体系建设,包括补充现存海洋法律的个别法或部分法的缺陷,引领海洋事务的整体性、全面性,并为进一步丰富和发展中国特色社会主义法律体系做出贡献。

第三,协调涉海部门职权。海洋基本法的制定,对于进一步协调我国涉海部门之间的关系,包括理顺职责和功能,弥补缺陷,消除职权重叠和缺失,避免不利竞争,增强执法能力,提升应对和处理海洋问题能力,提高效率等,有很大的推进作用。

第四,带动海洋问题研究热潮。海洋基本法的制定,无疑需要一个过程。在这一调研、审议和立法的过程中,可以吸引一大批人员参与海洋问题研究工作,以进一步培育和壮大我国研究和管理海洋问题人才队伍,也能为解决海洋问题争议提供理论支撑。同时,也可利用此机会,设立海洋宣传网站,增设海洋教育和海洋问题研究机构以及海洋研究基金会等组织机构,以全面提升我国海洋研究水平和海洋意识。

总之,海洋基本法的主要内容或目标为通过明确海洋战略、海洋政策或方针,确立发展海洋的重要领域,明确管理海洋问题机构职责,核心为完善我国海洋体制机制,包括进一步完善我国海洋法律体系。为此,在制定海洋基本法的过程中,必须打破涉海部门之间的不同利益诉求,要站在中华民族国家利益的高度进行协调和规划,包括在今后出台具体的海洋部门法或公布我国其他领海基线时,协调与台湾地区之间的关系,以求配合和达成共识或默契,并逐步改变我国应对海洋问题长期以来被动、消极，缺乏全局观、整体观等的不利局面，争取为合理处理海洋问题提供重要指针。

四、结语

国际国内形势尤其是海洋问题情势发展，要求我国积极经略、规划及管理海洋，而发展海洋经济是经略海洋的重要突破口或抓手，我们必须紧紧抓住。为此，我国应以重组国家海洋局、设立国家海洋委员会、以中国海警局名义维权执法为契机，加快制定和实施国家海洋战略和海洋基本法，以全面提升开发、利用海洋资源和管控海洋问题的能力和水平，保护海洋生态环境，坚决维护海洋权益；同时，以亚洲新安全观、和谐海洋观，以及21世纪海上丝绸之路等蕴含的原则和理念为指导和路径选择，处置海洋问题、经略海洋，切实推进中国海洋事业发展，建设和实现海洋强国战略目标。

本文原刊于《东方早报·上海经济评论》2015年4月14日，第6—8版

我国退出《联合国海洋法公约》弊大于利

自2013年1月菲律宾单方面提起南海仲裁案以来，南海问题深受国际、国内社会的关注，尤其是常设仲裁法院于2015年10月29日做出了不利于中国的《关于管辖权和可受理性问题的裁决》（中期裁决）以及其将于2016年上半年做出对中国严重不利的最终裁决的预判下，国内学界出现了中国可退出《联合国海洋法公约》的观点和主张，以消除裁决对我国的不利影响，并阻却后续类似案件。为坚持我国对南海仲裁案的立场（"不接受、不参与"）以及持续地维护和确保我国基于《公约》拥有的海洋权益，有必要分析我国退出《公约》的利弊得失。

一、退出《公约》的"利"

《公约》第317条规定："缔约国可给联合国秘书长书面通知退出本公约，并可说明理由，未说明理由应不影响退出的效力。退出应自接到通知之日后一年生效，除非通知中指明一个较后的日期。"为此，我国如选择退出《公约》，其"利"主要为以下方面：第一，我国一旦退出《公约》，则将完全不受《公约》争端强制解决程序的约束，也就完全不会再受诸如菲律宾单方面提起南海强制仲裁案件的困扰，从而可消弭我国不遵循诸如仲裁案裁决的国际负面形象及不利影响。第二,《公约》的诸多条款和制度,例如专属经济区制度、大陆架制度等已成为习惯国际法,因此即使我国退出《公约》,也丝毫不影响我国基于这些习惯国际法拥有的相关海洋权利。同时,我国通过国内立法已经将《公约》中的诸多条款转化为国内法,所以我国根据习惯国际法和国内立法可继续享有相关的海洋权利,所谓的"有法可依,有理有据"。同时,他们认为,美国迄今未加入《公约》,而美国通过国内立法和总统令等形式既可享有《公约》规定的诸多海洋权利,也不用担心受到《公约》争端解决的强制程序的拘束和影响,为此,我国可借鉴美国的做法和经验。第三,我国对《公约》内的某些条款存在与"通说"不同的解读,如对领海内外国军舰的无害通过的事先批准或许可态度、对大陆国家的"洋中岛屿"可以主张群岛水域制度等。由于《公约》是协商一致的产物,所以在《公约》体系下解决这些争议问题并非易事。如果我国退出《公约》,则我国作为海洋大国不仅可继续坚持对这些制度的解读及实践,并可在今后为其发展成为广泛接受的习惯国际法制度做出贡献,这对于我国与西方国家争夺海洋法律话语权有一定的积极意义。

二、退出《公约》的"弊"

诚然1982年12月通过的《公约》存在诸多的缺陷,因为它是国家间通过协商一致而协调和妥协的产物,这是为了确保《公约》的整体性而做出的抉择。但国际社会对《公约》的完善也做出了持续的努力,包括于1994年7月28日通过了《国际海底执行协定》,于1995年8月4日通过了《鱼类种群执行协定》,进一步地丰富和完善了《公约》的相关制度,使其成为国际社会普遍接受的与海洋有关的权威性规范,主要标志为加入《公约》的成员已达到167个。

而美国迄今未加入《公约》原先的主要理由为《公约》第十一部分（"国际海底区域"）的规定存在不合理的规范，包括对投资和开发者课以过多的技术转移要求、过重的财政负担义务，违反市场竞争规则等，所以未积极加入《公约》；此后，随着国际社会加入《公约》的国家数量的增加，美国有加入《公约》的意愿，但美国的国会两院无法就此达成共识，致使迄今未加入《公约》。实际上，美国不是不想加入《公约》，而是无法在国内达成加入《公约》的共识。同时，美国不加入《公约》，不仅得益于其综合实力，更得益于其标准严格的国内海洋法，例如，美国在海洋环保方面拥有高于国际标准的《油污污染法》，在保障航行自由方面有"航行自由计划"以及海外多个军事基地等。

诚然，《公约》内的多数制度已成为习惯国际法，但《公约》的制度并非全是习惯国际法。如果我国退出《公约》就无法享有相应的权利，包括无法选派和成为《公约》内机构（大陆架界限委员会、国际海底管理局和国际海洋法法庭）的委员、理事国和法官，不能享有在这些机构的发言权和决策权，无法享受在国际海底区域内开发资源（多金属结核、富钴结壳和热液硫化物）的优先权利及后续其他权利，无法获得在其他沿海国的专属经济区内更多地捕鱼的"入渔权"和渔业配额；也影响我国国内法如由全国人大常委会通过的《深海海底资源勘探开发法》（2016年2月26日）的切实实施等。这些问题不仅影响我国在国际社会的地位和影响力，也对我国的渔业活动和战略性资源利益的确保带来损害。如果我国退出《公约》，并仍望获得更多的依据习惯国际法的海洋利益，则我国将面临对习惯国际法的举证责任。因为从习惯国际法的要素（国家实践和法律信念）看，国际习惯是不成文的，所以为查明国际习惯的存在，每遇到海洋权益须自己证明国际习惯的存在，而这种成本和损失将是无法估量和难以承担的。

三、中国对待《公约》的态度及国内实践

在国际层面，自我国政府恢复在联合国的合法席位后，全程参与了制定《公约》的第三次联合国海洋法会议（1973—1982年），并团结广大的发展中国家组成七十七国集团与发达国家展开了激烈的斗争，使《公约》的一些制度最终有利于发展中国家，所以对于《公约》的通过，中国发挥了重要的作用。

在国内层面，自《公约》通过并生效（1994年11月）以来，结合国情和海洋自身的特点，我国依据《公约》不断地丰富和完善了与《公约》有关的国内法，基本形成了较为完整的海洋法律制度，为我国发展海洋事业、维护海洋权益等做出了重要贡献。当然，随着海洋科技的发展及海洋开发利用的深入，综合管理海洋的要求日益重要，为此，我国进一步完善与海洋有关的国内法律制度的任务仍很艰巨。换言之，现今的国内海洋法制无法完全应对我国退出《公约》后在主张权利时适应习惯国际法的综合性要求。

对于南海仲裁案的最终裁决，预计将在以下方面带来不利后果。第一，裁决将削弱我国一贯主张的在南海拥有的一些海洋权益，特别是我国对南海海域拥有的历史性权利，并影响今后我国在南海相关海域进行执法管辖的范围。第二，裁决将对我国在国际社会中的形象造成相当程度的负面影响，包括被认为是不遵守国际法的国家。但不会对我国在南海的权益带来实质性的影响，因为仲裁庭无权裁决中菲两国之间的实质性争端（例如南沙岛礁归属、海域划界问题）。

如果要消除常设仲裁法院做出的最终裁决对我国的不利影响，重要

的是发展自身的实力（经济和军事等），明晰我国对南海问题的政策和法律立场，通过外交努力使菲律宾新政府可能采取诸如美国—尼加拉瓜案（1984年）中的做法，即通过美国政府的多年努力，使尼加拉瓜新政府于1991年通知国际法院愿意自动放弃判决（1986年）权利的声明以实现和解。这无疑是我国可以借鉴及努力的方向。

此外，即使我国采取退出《公约》的政策，但依据《公约》第317条第2款的规定，缔约国退出《公约》不影响该公约对该国停止生效前因该公约的执行而产生的该国的任何权利、义务或法律地位。所以，即使我国退出《公约》，既不能更改南海仲裁案裁决对我国发生的效力及负面影响，也不能阻却我国在提交退出《公约》书面通知后并在对我国生效前，越南单方面提交类似南海仲裁案的事件。

不可否认，一直以来，中国是坚定的维护和遵守国际法的国家之一，尤其是我国广泛地参加了国际组织和缔结了众多的多边条约，主导多边国际组织建设进程并取得了较好的效果（例如上海合作组织、亚投行等）。所以，我国政府采取的"不接受、不参与"南海仲裁案的立场不仅应继续坚持，因为其是依据国际法和《公约》并结合国情做出的抉择，合理合法，而且应广泛地予以宣传，包括就菲律宾违反提起南海仲裁案的前提条件、不用尽两国达成的协议义务，常设仲裁法院扩大管辖权限等方面发布系列立场文件和学术论文，以进一步地声明我国在南海问题上的政策立场。

四、结语

总之，为消除南海仲裁案最终裁决对我国的不利影响及阻却后续类似案件，我国切不可采取退出《公约》的政策，这绝非良策，因为弊大于利，完全不可行！如果我国退出《公约》，则恶劣影响将持续，损失无可估量。相反，我国应积极采取措施，设法补正《公约》的缺陷并为丰富和发展《公约》制度发挥主导作用，这是作为大国的我国的应有责任和态度。同时，在国内不仅应加强对南海问题的系统化研究，更应加快国内海洋体制机制建设进程，这些才是我国当前和今后一段时间内的紧迫任务。

2016年3月31日

全民国家安全教育日,我们来聊聊中国怎样转型为世界性海洋大国

4月15日是全民国家安全教育日。2015年7月1日第十二届全国人民代表大会常务委员会第十五次会议通过了《中华人民共和国国家安全法》(以下简称《国家安全法》)。这是党的十八大以来,为适应国家安全面临的新形势新任务,以法律形式确立总体国家安全观的重要举措,旨在为维护国家主权、安全和发展利益提供保障。

一、为什么说《国家安全法》体现了总体国家安全观

从《国家安全法》内容看,它是一部综合性、全局性和基础性的国家安全法,体现了总体国家安全观的基本特征。主要表现在以下方面:

第一,规范了国家安全的概念。从《国家安全法》第2条关于国家安全的概念可以看出,国家安全强调的是我国核心利益和重大利益的相对安全状态以及维持这种安全状态的能力,具有综合性和可持续性含义。

第二,明确了国家安全工作的路径和目标。例如,《国家安全法》第3条对国家安全在各个领域的内容予以细化,明确了其地位和它们相互之间的关系及作用,所以具有综合安全、共同安全和合作安全的特征。

第三，构筑了国家安全组织机构及运作机制。为落实国家安全制度，维护国家安全，《国家安全法》第44—50条细化了国家安全组织机构的运作机制，所以，《国家安全法》具有综合性和全局性的含义，体现了综合安全、合作安全的特征。

第四，预留了完善国家安全法律体系的空间。鉴于国家安全对于国家发展的重要性，以及国家安全领域的广泛性和复杂性，其不仅应统筹内部安全和外部安全、国土安全和国民安全，还应统筹传统安全和非传统安全、自身安全和共同安全，以实现综合安全、共同安全、合作安全和可持续安全的目标。《国家安全法》第70条规定，国家健全国家安全法律制度体系，推动国家安全法治建设。即《国家安全法》预留了完善国家安全领域法律制度的空间，所以它是一部全局性和基础性的法律，具有全面指导国家安全的地位和作用。

二、什么是海洋安全

从《国家安全法》的内容看，其包括政治安全、经济安全、社会安全等方面；从国家安全的概念看，包括国家主权、统一和领土完整，经济社会可持续发展的利益，而与这些国家安全和国家利益相关的重要领域之一为海洋安全。

所以，如何确保海洋安全不仅是关系国家安全的重要方面，也是《国家安全法》的重要任务，例如《国家安全法》第17条规定："国家加强边防、海防和空防建设，采取一切必要的防卫和管控措施，保卫领陆、内水、领海和领空安全，维护国家领土主权和海洋权益。"

所谓的海洋安全，是指国家的海洋权益不受侵害或不遭遇风险的状态，也称为海上安全或海上保安。

海上安全分为传统的海上安全和非传统的海上安全两类。传统的海上安全主要为海上军事安全、海防安全，而海上军事入侵是最大的海上军事威胁。非传统海上安全主要为海上恐怖主义、海上非法活动（海盗行为）、海洋自然灾害、海洋污染和海洋生态恶化等。

三、非传统海上安全是重点，完善国内制度是抓手

一般来说，传统的海洋安全问题有减少或消亡的趋势，而非传统的海洋安全问题有增加的趋势，所以维护海洋安全的重点是管理和控制非传统海上安全方面的海洋问题及其争议。

从国际和国家实践看，由于国际、区域关于海洋制度的修正和完善难度较大，所以，维护国家海洋安全、推进海洋事业发展的基本路径或路线图，主要从国内战略和制度层面加以完善，具体体现在以下四个方面：

第一，应明确国家核心利益，制定国家海洋战略，包括海洋政治战略、海洋发展战略、海洋安全战略和海洋军事战略。对于我国来说，核心目标为建设海洋强国。

第二，完善国家海洋战略的政策，包括强化海洋理念与意识，加强海洋事务协调，提高海洋及其资源开发、控制和综合管理能力，弘扬海洋传统文化和海洋教育，不断开拓创新海洋科技，拓展对外交流和合作，推动我国海洋事业不断取得新成就。

第三，完善海洋法制，包括制定实施《海洋法》等综合性、全局性和基础性的法律，以保障海洋战略和海洋政策的推进落实，重点完善我国的海洋事务体制和机制，以充分发挥现有海洋机构的协调和主导作用。

第四，分类制定实施海洋法规范或要求的海洋领域基本计划，以弥补和提升海洋开发、利用及管理过程中的薄弱环节与重要领域，为发展绿色经济提供动能。

四、海洋安全战略目标：向世界性海洋大国转型

自党的十八大报告提出建设海洋强国战略以来，我国不断地明确了针对海洋问题的政策和措施，包括快速推进实施21世纪海上丝绸之路倡议。

所以，我国海洋安全战略的目标可以界定为：强化和完善综合管理海洋事务的体制和机制，进一步完善海洋政策和法律制度，以确保我国由区域性海洋大国向世界性海洋大国的阶段性目标转型，并为最终实现海洋强国战略目标而努力。

为此，我国维护海洋安全的宗旨为：通过发展海洋经济，提升海洋产业和管理水平，强化对海洋的综合管理能力。

而我国维护海洋安全的原则和任务为：不让历史遗留的重大海洋问题（例如南海问题和东海问题）恶化、爆发，尽力掌握在可控状态，创造条件实施资源开发活动（自主开发、合作开发和共同开发），积极参与国际海洋事务并提供海洋公共产品，合作确保海洋共同利益，争取自身海洋利益，发展中国的适度作用和综合优势，构筑海洋危机管理制度，维系国际海洋秩序，确保国家战略机遇期，推进中国和平发展与国家统一大业。

而我国维护海洋安全的目标为：确保国家300万平方千米海域不受挑战，可适度自由开发和利用全球海洋及其资源，确保中国自由地管控全球海域。

五、以《国家安全法》为鉴，完善海洋法制

在国家安全领域，我国不仅制定了《国家安全法》，还制定了《反间谍法》（2014年11月）、《反恐怖主义法》（2015年12月）以及《反分裂国家法》（2005年3月）等法律。

尽管如此，我国还未形成完整的国家安全法律制度体系，因为还缺少诸如国家文化安全法、国家社会安全法、国家信息安全法、国家科技安全法等法律制度，但国家安全法律制度的前期构筑经验可为完善海洋领域的法律制度提供借鉴或启示。

第一，在组织机构运作模式上的启示。如上所述，《国家安全法》设立了中央国家安全领导机构，并明确了其职权，具体由国家安全委员会负责，尤其是为实行统分结合、协调高效的国家安全制度和工作机制，不仅规定了从风险预防、评估和预警到审查监管各环节的制度，而且明确了中央与地方之间、部门之间、军地之间以及地区之间的协同联动机制。

我国已设立中央海权工作领导小组及其办公室、国家海洋委员会及其办公室、重组国家海洋局和设立中国海警局，如何发挥这些机构的功能和作用，以综合协调管理海洋事务工作，则可以借鉴《国家安全法》的相关制度安排。

第二，在海洋法中明确海洋机构职权的启示。学界已多次呼吁应尽快制定综合管理海洋的基本法，例如海洋法，以统领和主导海洋事务，为建设海洋强国提供保障。

为此，可借鉴《国家安全法》内容，完善我国海洋重要机构的职权，解决《国务院机构改革和职能转变方案》（2013年3月）、《国家海洋局主要职责内设机构和人员编制规定》（2013年6月）内相关海洋

机构职权不明的缺陷，即需要在海洋法中明确我国海洋主要机构的职权，实质性地开展海洋工作并主导海洋事务。

第三，进一步完善与海洋有关的法规的启示。在国家安全领域，《国家安全法》提出了逐步健全和完善国家安全法律体系的任务和目标。这也适用于海洋领域，即我国可在制定综合性、基础性的海洋法基础上，逐步地完善海洋领域的法律制度及体系，制定海洋安全法、海洋科技法、海洋经济法、海洋文化法、海洋信息法等法律和规章。

第四，在加强国家安全宣传教育上的启示。《国家安全法》第14条规定，每年4月15日为全民国家安全教育日，以通过宣传和教育活动，提升国民对国家安全的认识和理解。我国政府多年来已形成了在6月8日海洋日举行海洋活动的惯例，如能将该日期在海洋法中予以明确，则对于进一步扩大宣传海洋知识，提升海洋的作用和价值，确保海洋安全等，具有重要的意义。

本文原刊于澎湃新闻网，2016年4月15日

海上丝路与南海问题

中国21世纪海上丝绸之路倡议是合理处理和确保中国周边安全环境的重要战略措施，也是中国和平发展进程的重要组成部分，更是中国实现海洋强国战略的重要路径。而为顺利推进21世纪海上丝绸之路有效实施，实现海洋强国战略目标，确保我国与周边国家之间的稳定关系，尤其应处理好我国与东盟国家以及与美国之间的关系，关键应合理稳妥地处理南海问题。因为，南海是构建21世纪海上丝绸之路重要而关键的区域。经国务院授权，2015年3月28日由国家发展改革委员会、外交部、商务部联合发布的《推动共建丝绸之路经济带和21世纪海上丝绸之路的愿景与行动》指出："21世纪海上丝绸之路重点方向是从中国沿海港口过南海到印度洋，延伸至欧洲；从中国沿海港口过南海到南太平洋。"所以，在推进21世纪海上丝绸之路过程中，确保南海及周边安全环境尤为紧要。

一、中国拥有南沙岛礁领土主权的依据

一般认为，南海问题，主要包括两个层面的内容：第一，中国与东盟国家之间的南沙岛礁领土争议；第二，中美针对专属经济区内的军事活动（军事测量活动、谍报/抵近侦察活动、联合军事演习）争议和

军舰在南沙岛礁领海内的无害通过争议,即所谓的在航行自由(飞越自由)方面的对立和分歧。由于这些争议的对象和性质完全不同,所以应采取不同的方法和路径予以应对和处置。

对于南沙岛礁领土争议问题,我国应持续地依据南海断续线主张在南海的海洋权益,体现南海断续线的领土主权功能、海域划界的剩余性功能,以及基于历史性权利管制南海某些海域资源和行为的功能。为此,应系统地阐述我国主张南海断续线的性质及线内水域的法律地位。

不可否认,中国对南沙岛礁拥有领土主权最关键的依据,是中国南海断续线或"U形线"。而对其最清晰的表述出现在中国于2009年5月7日向联合国秘书长提交的照会(含断续线附图)中。该照会指出:"中国对南海诸岛及其附近海域拥有无可争辩的主权,并对相关海域及其海床和底土享有主权权利和管辖权。"笔者认为,此处的"附近海域"主要指领海;"相关海域"主要指基于历史性权利的海域和作为《联合国海洋法公约》成员国可主张的海域(例如专属经济区、大陆架)。

此主张也得到了中国政府于2011年4月14日向联合国秘书长提交的补充照会的确认。其指出:"按照《联合国海洋法公约》,1992年《中国领海及毗连区法》和1998年《中国专属经济区和大陆架法》第14条规定,中国的南沙群岛拥有领海、专属经济区和大陆架。"

"中华民国政府内政部"曾于1947年12月1日正式公布了《南海诸岛新旧名称对照表》,并于1948年2月正式对外出版注明所有岛礁名称的"南海诸岛位置图",划定了包括东沙、西沙、中沙和南沙群岛在内的南海断续线,宣示了中国在南海诸岛的主权和海洋权益。而中国南海断续线不仅与陆域国界相连,也是陆域国界在海上的延伸;同时,这种断续线的划法也符合当时国际地图对海疆国界线的通用做法,并未遭到其他国家的反对。

新中国成立后,主要在经过多次调查和勘探后,对南海诸岛予以命名并在地图上加以标注,对其进行了适度的管理,继承了南海断续线并通过国内法(例如《中国政府关于领海的声明》第1条,1958年9月4日;《中国领海及毗连区法》第2条第2款,1992年2月25日)的形式不断地加以固化。所以,从历史和法理看,中国对南海诸岛拥有无可争辩的主权。

同时,我国也应与东盟国家之间持续地协商和谈判,力争尽早缔结"南海行为准则",关键应加快中国与东盟国家之间在南海区域海洋低敏感领域的合作进程。

第一,这符合《南海各方行为宣言》的要求。因为,《南海各方行为宣言》第6条规定,各方承诺在全面和永久解决争议之前,有关各方可探讨或开展合作,包括以下领域:海洋环保;海洋科学研究;海上航行和交通安全;搜寻与救助;打击跨国犯罪,包括但不限于打击毒品走私、海盗和海上武装抢劫以及军火走私。

第二,也符合《联合国海洋法公约》第123条的规范性要求。因为,《联合国海洋法公约》第123条规定,闭海或半闭海沿岸国在行使和履行该公约所规定的权利和义务时,应在协调海洋生物资源的管理、养护、勘探和开发,协调行使和履行其在保护和保全海洋环境方面的权利和义务,协调海洋科学研究政策等方面互相合作。

第三,更符合现实状况。即符合现今中国与东盟国家之间无法就南沙岛礁领土争议问题达成妥协并最终解决此问题的状况。所以,中国加强与东盟国家之间的海洋低敏感领域合作可作为过渡时期的措施,以为最终解决南海争议问题创造条件。

换言之,中国与东盟国家加强在南海的海洋低敏感领域合作的目的,是为了实现南海资源和行为的功能性和规范性的有效统一,以维护南海的和平、稳定与秩序，共享南海空间及资源利益，进而维护和确保中国与东盟国家之间的关系，为推进21世纪海上丝绸之路建设提供保障和有利环境。

二、中美针对航行自由的对立和分歧

尽管美国不是南海问题尤其是南沙岛礁领土争议的当事国，但美国一直关注包括南海在内的航行自由（飞越自由），并予以干涉。

一般认为，美国在航行自由上的政策起源于《杜鲁门公告》（1945年9月28日）。其指出，大陆架上的水域作为公海的性质以及公海自由和无碍航行的权利不受任何影响。而美国在南海航行自由上的政策，主要体现在1995年5月10日美国政府发表的《关于南沙群岛和南中国海的政策声明》，2012年8月3日美国政府《关于南海问题的声明》，以及2014年12月5日美国国务院发表的《海洋界限：中国在南海的海洋主张》等文件中。从这些文件内容可以看出，美国高度关注在南海的航行自由，并认为确保南海航行自由是美国的核心利益。而在航行自由上的对立和分歧，集中体现在关于专属经济区内军事活动和领海内军舰无害通过的争议上。

（一）中美专属经济区内军事活动争议

对于中美两国之间的专属经济区内军事活动争议，由于《联合国海洋法公约》并未对"军事活动"做出明确的规范，即使从海洋和平利用、海洋科学研究的角度进行分析，也存在不同的理解和认识，进而在国家实践中出现不同甚至对立的做法。其焦点在于：专属经济区内的军事活动，是需要沿海国的事先同意或通知该国，还是可以自由使用。

考虑到在《联合国海洋法公约》的框架内无法达成理解和认识,所以针对已成为习惯国际法的专属经济区内的军事活动争议,应通过双边对话协商机制谈判解决,以增进互信和共识,特别应遵守中美两国军事部门于2015年达成的《重大军事行动相互通报机制谅解备忘录》、《海空相遇安全行为准则谅解备忘录》及其后续附件(例如《海空相遇安全行为准则谅解备忘录》中的《空中相遇》附件,《重大军事行动相互通报机制谅解备忘录》中的《军事危机通报》附件);并结合国际社会已有的《专属经济区水域航行与上空飞越的行动指针》(2005年9月)、《亚太专属经济区内互信和安全构筑原则》(2013年10月)成果,丰富和完善《联合国海洋法公约》专属经济区的军事活动制度,包括缔结《联合国海洋法公约》体系内针对军事活动争议的第三个执行协定,这是作为大国的中美两国应有的责任。

(二)中美在南沙岛礁周边海域航行自由上的争议

现今,中美两国在南沙岛礁周边海域航行自由上的对立和分歧,引起了国际社会的广泛关注。

2015年10月27日,美国"拉森"号军舰未经中国政府允许,非法进入中国南沙群岛有关岛礁邻近海域(近岸水域),实施所谓的"航行自由",这种行为严重威胁中国的主权和安全,危及岛礁人员及设施安全,危及我国渔民正常的生产作业安全,损害地区和平稳定,遭到中国政府和人民的坚决反对,包括中国海军"兰州"号导弹驱逐舰和"台州"号巡逻舰进行了监视、跟踪和警告,中国外交部和国防部等对美方的此种行为也予以强烈抗议和坚决反对。

那么,美国为何选择此时来中国南沙岛礁扩建后的渚碧礁和美济礁周边12海里海域进行航行？美国军舰航行的海域性质及其意图是什么，并将带来何种影响？美国军舰的这种航行行为将持续吗？对此，应该如何应对？

自中国加强在南沙岛礁建设以来，美国持续关注，多次要求中国政府停止大规模的南沙岛礁扩建活动，并在中美首脑会晤后立场依然对立的情形下，贸然采取派遣军舰进入中国主权范围内的渚碧礁和美济礁周边12海里海域航行。这既是美国强调维护所谓"南海航行自由"的具体行为，也是进一步遏制中国在南沙岛礁进行建设的反制措施，更是试图阻止中国预计在南沙岛礁进行必要的军事化建设的粗暴干涉。然而，这种未经中国政府批准的行为极易造成安全不测，威胁相关海域航行安全，是中国坚决反对的。

不可否认，美国军舰选择在渚碧礁和美济礁周边12海里海域航行，主要目的是试图阻止中国以此岛礁为基点主张领海，并遏制中国通过军事手段强化对此海域的控制权，最终目的是"平衡"中国与其他东盟国家之间的军事力量，试图消除中国对南海的"绝对控制权"，阻挠中国在南海的建设进程，进而遏制中国的发展步伐。那么，中国能否依据南沙群岛内的渚碧礁和美济礁为基点主张领海呢？

从地理位置看，渚碧礁位于北纬10度55分、东经114度05分，是一种环状的珊瑚礁，长约3.2海里、宽约1.9海里，整个环礁面积约16.5平方千米。此环礁西高东低，高潮时全部淹没，低潮时其西部露出水面约0.5米。美济礁位于南沙群岛的东北部，北纬09度53分、东经115度32分，是近似椭圆形的干出环礁，其长约4.4海里，宽约3海里，礁环上有许多干出约0.6米高的礁石。所以，即使依据《联合国海洋法公约》"岛屿制度"第121条第3款的规定，这些岛礁的法律地位为岩礁，可以主张自身的领海。但中国为避免引起更多的误会和误解，使用了"邻近海域"("近岸水域")的术语,也一直未宣布在南沙的领海基点和基线,采取了"模糊"的战略,保持了最大的克制,其目的是为了维护南海的安定和有序,并确保南海尤其是南沙海域的航行自由与安全。

美国却认为,这些岛礁尤其是渚碧礁和美济礁均为低潮高地,无法主张它们的领海。因为,《联合国海洋法公约》第7条规定,除在低潮高地上筑有永久高于海平面的灯塔或类似设施,或以这种高地作为划定基线的起讫点已获得国际一般承认之外,直线基线的划定不应以低潮高地为起讫点。所以,美国认为,中国持续加强在该区域的设施建设,在预测可能强化对海域的管辖及军事化管理的情形下,美国为实现多重目标(包括维护所谓的航行自由、支持他国的权益主张、削弱中国在南海的利益等)及消除默认中国行为的目的,进而擅自派遣军舰在渚碧礁和美济礁周边12海里海域实施了所谓的"航行自由",这也是其一种无奈之举。

美国军舰这种未经中国许可或通知沿海国中国,就擅自进入渚碧礁和美济礁周边12海里海域的行为,不仅违反《联合国宪章》第2条和平解决争端的原则及不得使用武力或威胁使用武力的原则,也违反中国国内法(例如《中国政府关于领海的声明》,1958年9月4日;《中国领海及毗连区法》,1992年2月25日;以及《全国人大常委会关于批准联合国海洋法公约的决定》,1996年5月15日)及中美两国军事部门于2015年缔结的《重大军事行动相互通报机制谅解备忘录》包括《军事危机通报》附件内容,在南海问题上制造了更多对立,将严重损害中美关系的稳定和发展,也不利于南海问题解决进程中相关措施的实施。

如果美国这种单方面派遣军舰擅自进入中国南沙岛礁领海的活动仍继续进行,则中国政府可采取以下措施。主要为:

第一,为持续地体现中国的立场和态度,可继续通过监视、跟踪和警告及驱离等方式，应对美国军舰的"无害通过"，通过外交照会的方式向美方表明严正立场。

第二，当美国军舰的所谓"无害通过"严重威胁我国安全时，可考虑设立安全区域。因为，《联合国海洋法公约》第25条第1款规定，沿海国可在其领海内采取必要的步骤以防止非无害的通过。而安全区域的范围应以可监测和可控制为基本要求，并在该范围禁止一切船舶的无害通过。同时，我国也可在特定时间和特定区域为保护国家安全，实施包括武器演习在内的活动，以暂时停止外国船舶在领海的特定区域内的无害通过。

第三，根据南沙周边海域安全情势的发展，适时公布我国在南沙岛礁的部分领海基点和基线并加强管理，以明确我国在南海的管辖范围，消除长期以来我国在南海尤其在南沙群岛的管辖海域的模糊性，坚定地维护我国在南海的合理合法的权益。

应该指出的是，尽管针对军舰在领海内的无害通过，并未形成统一的习惯国际法规则，但无害通过领海的外国军舰必须遵守沿海国关于无害通过领海的法律和规章，则是没有疑义的。因为，《联合国海洋法公约》第30条规定，如何任何军舰不遵守沿海国关于通过领海的法律和规章，而且不顾沿海国向其提出遵守法律和规章的任何要求，沿海国可要求该军舰立即离开领海。为此，应结合《联合国海洋法公约》关于领海制度的立法过程，分析领海无害通过制度的理论争议，关键应完善国内关于领海制度的法律和规章，因为《联合国海洋法公约》第21条第1款规定，沿海国有制定关于无害通过领海的法律和规章的权利，以规制军舰在我国领海内的有害通过行为，确保我国领海内的安全秩序。

三、南海问题展望

现今，中国针对南海问题的政策日渐清晰而主动，包括加强在南沙岛礁的建设、积极提供公共产品，采取"双轨思路"政策、主张"维护南海和平稳定三点倡议"，协商制定"南海行为准则"等，以合理解决南海争议。同时，为应对中越西沙船只对峙事件（2014年5月），中国政府于2014年6月8日发表了《"981"钻井平台作业：越南的挑衅和中国的立场》；针对菲律宾单方面提起的南海强制仲裁案，中国外交部于2014年12月7日发表了《中华人民共和国政府关于菲律宾所提南海仲裁案管辖权问题的立场文件》，以坚定捍卫中国在南海的主权、安全和发展利益。

上述政策和倡议及立场文件的主要目的是管控南海秩序，阐述我国在南海的政策立场和法律主张，推进合作开发和共同开发进程，实现南海资源和行为的功能性和规范性的协调统一目标。所以，南海问题有序及合理的处理，对于推进21世纪海上丝绸之路、确保南海航行自由有重大而积极的作用和影响。

总之，切实维护在南海的合理合法权益，是中国政府和人民的重要而艰巨的任务。而为改变中国在南海尤其在南沙群岛的不利局面，恢复其事实本质，中国加大了对南沙岛礁的建设步伐，包括进一步为国际社会提供海洋公共产品，这是无可厚非之事。即使包括美国在内的国家，对于中国在南沙岛礁进行的扩建活动存在不同的认识和分歧，也应首先通过对话协商谈判的方法予以解决，而不是采取单方面地使用武力或威胁使用武力的手段，这种方法或手段只能使南海问题更为复杂，解决更为困难。所以，中美两国进一步管控南海安全加强沟通和协调，就特别重要。否则，中国可以此安全危机为契机，进一步加强在南沙的设施和防卫力量建设，以及进一步丰富和完善与海洋有关的法律制度。

换言之，在南沙岛礁领土争议问题无法获得妥善解决的现况下，如何依据21世纪海上丝绸之路战略构想内涵，进一步加强中国与东盟国家在海洋低敏感领域的合作进程并尽早实施，是目前应该努力的方向。这对于加强中国与东盟国家之间的关系，有一定的促进作用。同时，为进一步管控南海问题，弥补《南海各方行为宣言》缺陷，制定具有法律拘束力的"南海行为准则"，也是相关国家应该继续重视的重要方面。此外，为消除对南海航行自由的担忧，也应在中美等国家的主导下，就确保南海航行自由问题展开磋商，包括举行南海区域航行安全论坛及会议，以缔结具有指导性意见的文件，共同合作处理危机事态并确保南海航行安全。

最后应该指出的是，在对待南海问题上，美国尤应采取包容性和建设性的立场和态度，包括坚守在南沙岛礁领土主权问题上的中立立场，改变偏袒他国的态度，以及试图通过提供和援助武器装备、军事演习和缔结防卫协定等加强其在南海军事威慑及防卫的做法，停止军舰在中国南沙岛礁周边12海里内的活动，以稳固和促进相关国家的努力并确保已达成的业绩，稳定南海安全秩序，避免南海问题扩大化和复杂化。这是包括中美两国在内的国际社会的共同而合理的期盼，必须努力实现之。

本文原刊于《中国社会科学报》2016年4月5日，第6版

《南海学刊》2015年第4期

新形势下我国处置海洋问题的思考

近期，我国周边国家和地区局势发生了很大的变化，包括越南新政府的成立，菲律宾新总统的产生及菲律宾提起的南海仲裁案的最终裁决的即将出台，我国台湾地区领导人的更替，美日同盟的进一步强化，美、日与东盟某些国家间安全防卫合作的加强及七国集团系列会议的声明和宣言的发布等，将对我国周边海洋情势带来众多的负面影响。如何处置持续升级的海洋问题，是我们应该关注的重要方面。其影响和应对，主要体现在以下方面：

第一，七国集团系列会议指责我国进出海洋的活动及在南沙的陆域吹填工程，违反国际法，损害海洋环境，军事化趋势威胁区域和平与安定，要求依国际法和平解决。对此，我国应积极防备。

《七国集团外长海洋安全保障声明》（2016年4月11日）指出，七国担忧东海和南海的状况，强调了和平管理争议及用和平方法根本性解决争议的重要性，强烈反对任何改变现状并呈现紧张的所有威胁、威慑及挑拨性的单方面行动，要求所有国家自我约束大规模的填埋活动、据点建设及用于军事目的的行动，要求各国遵守并依据国际法实施航行及飞越自由的原则。

《七国集团伊势志摩首脑宣言》（2016年5月27日）在海洋安全保

障部分对《七国集团外长海洋安全保障声明》的有关内容予以支持,即要求依据包含《联合国海洋法公约》在内的国际法原则,维持海洋秩序,构筑提升信任的措施,借助包括法律方法在内的和平方法解决争议及可持续地利用海洋和尊重航行与飞越自由等。

为此,我国在海洋问题上的情势尤其在话语权上依然处于劣势地位,仍需要加大内外宣传力度,使我国的有关政策与立场得到充分阐释,并被多数国家所接受。因为,国际法包括《公约》并未明文禁止拥有岛礁主权国家的扩岛行为,且我国也不是首先进行南沙岛礁建设的唯一国家。更为重要的是,今后我国应加快南沙岛礁在民用设施上的建设步伐,加固周边,以更多的公共产品向国际社会提供服务和保障。

第二,日本针对冲之鸟的主张及依据缺乏国际法的支撑,其行为违反《公约》的岛屿制度,我国应予继续关注和有所作为。

2008年11月12日,日本向联合国大陆架界限委员会提交了包含以冲之鸟为基点主张的外大陆架划界案,但因我国和韩国分别于2009年2月6日、2月27日向联合国秘书长提交了反对照会,所以,大陆架界限委员会对与冲之鸟有关的日本外大陆架内容未予审议,也未提出具体建议(2012年4月19日)。也就是说,大陆架界限委员会对于冲之鸟的地位未予表态并未做出审议,因为对该问题的认定超出了其权限,所以,冲之鸟到底是岛屿还是岩礁的地位依然未定。

日本将冲之鸟视为岛屿并以其为基点主张外大陆架的行为,割裂了《公约》第121条第1款与第3款的关系,违背其立法宗旨,违反国际社会将《公约》第121条的第1款和第3款作为整体论看待的多数观点,是利用《公约》岛屿制度缺陷做出的违法行为,必须予以阻止,否则,严重地有失公平,影响公海航行自由和损害国际海底区域制度。可见,日本针对冲之鸟的行为与主张,违背其所倡议的"海洋法治三原则",采取的是利己损人的标准和做法。

对于冲之鸟的地位问题，台湾马英九当局极力主张其地位为岩礁，无法主张专属经济区和大陆架，但台湾蔡英文新当局对此有弱化的趋势，认为冲之鸟是岛屿还是岩礁，应由国际司法或仲裁机构认定，即对其的属性台湾新当局采取了模糊的态度。为此，为加强台日关系，区隔与大陆的立场，台湾当局在冲之鸟的法律地位问题上有与日本进一步妥协的可能性，即在不界定、不明确冲之鸟法律地位的情形下，与日本缔结新的协议，包括允许台湾地区渔民继续在冲之鸟的周边海域进行捕鱼活动。因为，台湾当局在钓鱼岛问题上曾与日本缔结了《台日渔业协议》（2013年4月10日），扩大了台湾渔民的作业海域范围，以阻遏两岸在钓鱼岛问题上的合作。对此，我国应继续予以关注，并设法增加在冲之鸟周边海域的渔业、航行活动等，以体现我国对冲之鸟的持续立场与态度。

第三，在钓鱼岛主权归属问题上，中日依然存在严重的对立和分歧，其仍是影响中日关系的重大敏感问题，我国应对台湾新当局在该问题上的立场保持警惕和关注，并责成其守护。

2016年4月15日，日本内阁官房网站公布了与钓鱼岛有关的资料，妄称钓鱼岛为日本的固有领土。即使在中日两国于2014年11月7日发表了就处理和改善中日关系达成的四点原则共识后，日本政府仍坚持钓鱼岛是日本的领土，两国不存在争议的立场。换言之，钓鱼岛问题依然是影响中日关系的重大敏感问题，对此，警惕和关注台湾新当局的立场与主张，十分必要和关键。

中国政府认为，钓鱼岛及其附属岛屿是台湾的附属岛屿，是台湾不可分割的一部分，由台湾省宜兰县管辖。同时，1999年2月10日，台湾"行政院"公布了《"中华民国"第一批领海基线、领海及邻接区外部界线》，将钓鱼岛及其附属岛屿划入其管辖海域。此外，《"中华民国"宪法》第4条规定，"中华民国"领土依其固有之疆域，非经"国民大会"之决议，不得变更之。所以，从法律上讲，台湾当局有保卫钓鱼岛及其附属岛屿的义务与责任。

为应对日本"国有化"钓鱼岛三岛的行为，作为反制措施，中国政府也于2012年9月10日做出了《关于钓鱼岛及其附属岛屿领海基线的声明》，包括公布了钓鱼岛等岛屿作为基点的经纬度坐标，所以，大陆也有保卫钓鱼岛及其附属岛屿的法律责任。

为此，如何加强两岸在钓鱼岛问题上的实质合作，不仅是法律上的要求，也是确保国家领土主权及完整的职责所在。对此，两岸应增加互动，并设法寻找双方可以接受的合作方法与合作模式。

第四，关注南海仲裁案的最终裁决内容，采取对等措施遏制美国等国在南沙周边海域的各种军事活动，并设法增加我国在其他海域的渔业和航行等活动。

由菲律宾单方面提起的南海仲裁案，预计仲裁庭将在近期做出最终裁决。从仲裁庭于2015年10月29日做出的《关于管辖权和可受理性问题的裁决》内容可以看出，最终裁决可能会对我国已占据的南沙岛礁的法律地位或属性做出宣示性的裁定，这将影响我国今后据此岛礁为基点主张的管辖海域范围，并为增加以美国为首的域外国家单独或联合他国在这些海域进行各种军事活动提供"法律依据"，进而损害我国在南沙岛礁的合法权益。为此，我国可在坚持原先立场及各种应对措施（外交抗议、外交照会、约见大使、识别、警告、跟踪、驱离他国舰机等）的基础上，结合海洋安全情势的发展，赴冲之鸟周边海域进行各种活动（包括增加捕鱼、航行和测量活动等），将冲之鸟的地位再次引起争议，从而警示并阻遏日本采取各种方式干涉南海争议的可能性。

如果仲裁庭对我国已占据的南沙岛礁的法律地位做出宣示性的裁决，则极大地扩大了自身的司法解释权，将对南海区域的和平与安定带来深远的负面影响。因为迄今为止，国际法院和国际海洋法法庭均对岛礁地位的认定，采取了谨慎和回避态度，即竭力不对岛礁的地位或属性做出判定，这不仅由于各种岛礁形态的复杂性，更因为岛礁地位的认定将严重影响有关国家的海洋利益。

为此，如果南海仲裁案仲裁庭对中国的南沙岛礁地位做出裁决，则将引发新一轮包括岛屿制度在内的争议，严重损害《公约》的稳定性、完整性和权威性，出现修改其相关制度的强烈呼声和要求。而依据《公约》的修改程序，需要协商一致，即使采取简易程序，但只要有一国反对，也无法进行修改，所以对《公约》的修改几乎是不可能的。

当然，针对仲裁庭的这种裁决结果，我国也将会采取强力的反制措施，包括根据南沙岛礁建设的现况，加强建设步伐，重申南沙岛礁名称和地理位置，公布部分南沙岛礁的领海基点和基线，并根据南沙岛礁周边海域安全情势的发展，宣布南沙岛礁部分防空识别区等，以坚定捍卫我国在南海的主权、安全和海洋权益。如此，南海区域的安全竞争将再次升级，海洋安全秩序包括航行自由将面临真正的重大威胁和挑战。

最后，期待仲裁庭做出比较温和的最终裁决，包括鼓励中菲两国自身解决争议问题。维护南海区域的和平与安定，不仅是多国所期待的，也是其国际社会的义务所在。否则，将带来更为复杂、紧张甚至不可挽回的严峻态势。

换言之，仲裁庭不仅无法解决中菲两国之间的核心争议，也不能对仲裁事项中涉及的中菲附属争议产生"定分止争"的作用，所以，只有有关国家之间的直接协商和谈判，才是合理和合适地处置南海问题争议的最佳方法。这是不容置疑的，也是应该切实践行的。

同时，应该指出的是，我国海洋问题的处置，重要的是应与美国加强协调和磋商，关键应遵守两国军事部门已达成的共识和规范，为共同合作维护包括南海在内的海洋秩序做出贡献，这是国际形势所趋，也是中美合作所需，必须实现之。

2016年5月30日

中国加快加大国际法研究力度之要义
——以南海仲裁案中仲裁员的作用为切入点

常设仲裁法院于2016年6月29日发布声明,南海仲裁案仲裁庭将于2016年7月12日做出裁决并发布最终裁决书,受到国际社会的广泛关注,并引发我国在此后如何应对和处理国际争议问题进行司法和仲裁的思考。本文试以南海仲裁案中仲裁员的作用为切入点展开分析,并对强化国际法研究力度提出几点建议。

一、南海仲裁案的提起与仲裁员的指派

2013年1月22日,菲律宾根据《联合国海洋法公约》第287条及其附件七("仲裁")的规定,向中国发出仲裁通知和权利主张要求,启动了菲律宾诉中国的南海仲裁案。在菲律宾提交的书面通知中,附有一份关于其权利主张及该权利所依据的理由的说明,并指派一名德国籍法官担任菲律宾的国籍仲裁员。但由于我国采取"不接受、不参与"的政策与立场,所以,我国不仅没有指派代表中国的国籍仲裁员,也没有参与协商其他三名仲裁员的工作,因而依据《公约》附件七的相关规定,

国际海洋法法庭庭长指派了代表中国的波兰籍法官作为代表中国的仲裁员和其他三名仲裁员，形成了由五人组成的仲裁庭，并由常设仲裁法院任该案的登记处，从而推动了南海仲裁案的进程。仲裁庭于2015年10月29日以仲裁员全体同意的方式做出了《关于管辖权和可受理性问题的裁决》，并将于2016年7月12日发布针对南海仲裁案关于剩余管辖权和实体性问题的最终裁决。

二、仲裁员在仲裁案中的地位与作用

由于我国"不接受"菲律宾单方面提起的南海仲裁案，也"不参与"南海仲裁案的一切正式程序，所以我国既不指派中国籍仲裁员，也不协商指派其他仲裁员，是题中应有之义，完全符合"不接受、不参与"的政策与立场。但这样做的后果是，仲裁庭无法全面正确倾听和理解中国的立场，无法对相关事实和法律依据做出准确的认定和判断，尤其是仲裁庭做出的《关于管辖权和可受理性问题的裁决》，全盘否定了中国外交部于2014年12月7日发布的《中华人民共和国政府关于菲律宾所提南海仲裁案管辖权问题的立场文件》的内容和法理依据，扩大了仲裁庭仲裁员的任意裁量权和管辖权限，做出了不利于我国的裁决，遭到国内外学者的质疑和反对。

换言之，中国政府"不接受、不参与"南海仲裁案的立场，并不影响仲裁案的进程。因为《公约》附件七第9条规定，如争端一方不出庭或对案件不进行辩护，他方可请求仲裁庭继续进行程序并做出裁决；争端一方缺席或不对案件进行辩护，应不妨碍程序的进行。同时，对于提起的仲裁事项仲裁庭是否有管辖权的问题，依据《公约》第288条第4款的规定，应由该法院或法庭以裁定解决。所以，由国际海洋法法庭庭长柳井俊二指派的仲裁员不可避免地带有倾向性意见，其指派为代表中国仲裁员的荷兰籍法官也做出了《关于管辖权和可受理性问题的裁决》的同意意见，其他仲裁员修改了原先的学术观点，采取了偏袒菲律宾的态度并发表了同意的意见，严重地影响了仲裁案的合理性和公正性，破坏了《公约》的完整性和权威性。为此，仲裁案中仲裁员的指派和任命是仲裁的重要问题，不容忽视。

三、《公约》关于仲裁员的制度性规范

依据《公约》附件七第2条的规定，每一缔约国应有权提名四名仲裁员，每名仲裁员均应在海洋事务方面富有经验并享有公平、才干和正直的最高声誉；这样提名的人员的姓名应构成联合国秘书长编制并保持的仲裁员名单。而提起仲裁的当事方指派仲裁员，最好从此名单中选派。换言之，《公约》缔约国不仅可以提名自国国民作为仲裁员，也可以提名他国国民作为仲裁员，以成为联合国秘书长编制并保持的仲裁员名单成员。但从联合国海洋事务和海洋法部的官方材料可以看出，我国迄今未提名《公约》附件七指向的仲裁员和附件五（"调解"）指向的调解员。为此，如何从我国外交部门、涉海机构和学术单位公平合理地提名自国的海洋法专家以及其他国家的海洋法专家作为仲裁员，是我国应考虑的重要问题。

当然，由于我国在国际海洋法法庭也有席位（高之国法官），所以国际海洋法法庭庭长柳井俊二在指派仲裁员（包括国籍仲裁员和其他仲裁员）时，也应征询高之国法官的意见，即征询是否愿意作为南海仲裁案仲裁员的意见。尽管国际海洋法法庭的法官具有独立性，但由于他们是国家提名并选拔为法官的，所以遇到此类事项，高之国法官在是否担

任仲裁员的问题上，也应与中国政府沟通。

可见，在仲裁案中仲裁员的作用巨大，为此，如何进一步培养和选拔仲裁员也是我们应该重视的重要方面。

四、我国加快加大国际法研究力度的几点建议

依据国际法包括《联合国宪章》和其他国际关系准则，利用和平方法解决国家间争议是必须遵守的原则和手段。而和平方法既包括政治/外交方法，也包括法律方法（司法和仲裁），这是国际社会发展的趋势，不仅符合国际法治原则和要求，也符合我国法治建设的进程和目标。

为此，我国应以应对南海仲裁案为契机，加大国际法的研究力度，包括对仲裁员的培养和选拔，是我国必须重视的重要工作，以应对今后我国可能出现的国际争议问题司法及仲裁解决的趋势。

第一，高度重视国际法的地位与作用。我国已成为世界性大国，今后大国外交特别重要，其中国际法尤其是国际公法的作用日益提升。因为国际问题不仅与国内问题密不可分，而且两者具有联动性。所以，加强对国际法的教育和研究十分重要，特别应重视并提升国际法在大国外交中的地位和作用。

第二，国际法与国内法并重的意识应进一步增强。尽管针对国际法与国内法的关系问题存在不同的见解，但国际法自成一体，应把它与国内法置于同等重要的地位。为此，在高校教育和研究工作中应增强国际法的教学内容和科目，以吸引更多的优秀人员奉献国际法的事业。

第三，选拔国际法优秀人士赴国外代表性司法机构培训和工作。现今已有众多的国际法优秀人士学成回国，并任职于重要学术机构，

为此，可制定合理的选拔和管理机制，选派优秀的国际法人士赴代表性的国际司法/仲裁机构培训和实习，并创造条件让他们在国际组织中任职，以积累学识和经验，为今后我国的司法/仲裁案提供帮助和服务。

第四，增设专门的学术机构并发挥主导作用。尽管我国已设立了众多研究海洋的机构，但由于受到各种因素和条件的限制，它们的优势和作用并未充分地发挥。为此，建议在党和政府的统筹与领导下，在全国再设立几个具有代表性、专职性的国际法研究机构包括海洋研究机构，例如东海研究院、南海研究院以及国际法大学和国际法研究机构等，多学科、多视野并全面地吸引优秀人才加盟，共同合作研究海洋战略性问题和其他国际法问题。这对于发挥大国作用、提升我国国际地位，建设海洋强国、推进21世纪海上丝绸之路进程、维护和确保国家海洋权益以及解决国际法争议问题等，具有重大而深远的作用和意义。

五、余言

最后应该指出的是，尽管现今我国在南海仲裁案中处于比较被动的地位，但从长远看，可以以此为契机，使我国在今后可能出现的国际争议问题的司法或仲裁案中处于比较主动或有利的地位。我国加大国际法投入和研究力度，加快培育国际司法或仲裁人员，选派优秀国际法人才赴代表性机构培训和任职，设立国家级国际法大学或拓展现有国际法研究机构规模等，就显得特别紧要。为此，国家需要就国际法的教学和研究事项，做出全面而整体的规划和布局，以进一步提升我国国际法教学和研究水平，提高国际争议问题的法律解决能力。

2016年7月5日

中国未来如何经略南海

中国政府针对南海仲裁案的立场可概述为:"不接受、不参与"、"不承认和不执行"。前者为中国不接受菲律宾单方面提起的强制仲裁,不参与仲裁庭的一切正式活动;后者为中国不承认仲裁庭做出的任何越权、扩权裁决,也不执行仲裁庭的所谓"最终裁决"。它们不仅具有关联性,而且具有整体性,中国不会改变对此的政策和立场。中国对南海仲裁案的上述政策与立场不仅是一贯的,而且有充分的国际法依据。

一、南海仲裁案的由来与发展

2013年1月22日,菲律宾共和国外交部照会中华人民共和国驻菲律宾大使馆称,菲律宾依据1982年《联合国海洋法公约》第287条及其附件七("仲裁")的规定,就中菲有关南海海洋管辖权的争端递交仲裁通知,提起强制仲裁。2013年2月19日,中国政府退回菲律宾政府的照会及所附仲裁通知。中国政府多次并郑重声明,中国"不接受、不参与"菲律宾提起的强制仲裁案。

2013年5月27日,仲裁庭成立;2013年7月12日,仲裁庭正式确认常设仲裁法院为登记机构;2014年3月30日,菲律宾提交诉状;2015年7月

7—8日和13日，仲裁庭对管辖权和可受理性问题开庭审理；2015年10月29日，仲裁庭做出初步裁决；2015年11月24—26日和30日对实体性和其他问题开庭审理；2016年7月12日，仲裁庭做出并发布南海仲裁案所谓的"最终裁决"。

二、不参与仲裁案，但一定要批驳

尽管南海仲裁案的最终裁决在事实认定和法律适用等方面存在严重问题，但如果菲律宾不放弃其"赋予"的权利，中菲南海争议无法解决的情形下，此最终裁决将长期存在并严重减损我国在南海的利益。为此，现阶段我们重点应就最终裁决的内容和观点进行分析和批驳，全面展示我国在南海长期使用和管辖的依据，以证实我国对其"不接受、不参与、不承认和不执行"的理据，并得到国际社会的认同。尽管我国对仲裁案持不参与的立场，但可以在诸多场合批驳该仲裁。

比如，对于仲裁庭对本案无管辖权，我国认为菲律宾提请仲裁事项的实质是南海部分岛礁的领土主权问题，超出《公约》的调整范围，不涉及《公约》的解释或适用，仲裁庭无管辖权。

仲裁庭将菲律宾提起的15项请求，分成四类进行裁决。

对于第一类仲裁事项，菲律宾主张的核心，是中国在南海的海洋权利主张超出《公约》允许的范围。但依据国际法，只有在确定中国在南海的领土主权后，才能判断中国在南海的海洋权利主张是否超出《公约》允许的范围，因为"陆地统治海洋"，且"陆地领土归属是确定沿海国海洋权利的出发点"。换言之，如果不确定中国对南海岛礁的领土主权，仲裁庭无法确定中国依据《公约》在南海可以主张的海洋权利范围，更无法判断中国在南海的海洋权利主张是否超出《公约》允许的范围。但领土主权问题并不是《公约》调整的范围，因为《公约》序言规定，缔约国认识到需要通过该公约，在妥为顾及所有国家主权的情形下，为海洋建立一种法律秩序，即"妥为顾及所有国家主权"是适用《公约》确定缔约国海洋权利的前提。

对于第二类仲裁事项，中国认为，南海部分岛礁的性质和海洋权利问题与主权问题不可分割。如上所述，只有先确定南海岛礁的主权，才能确定基于岛礁的海洋权利主张是否符合《公约》。即只有对相关岛礁拥有主权的国家，才可依据《公约》的专属经济区和大陆架等制度提出海洋权利主张；在确定了领土归属后，如果其他国家对该国的海洋权利主张是否符合《公约》的规定提出质疑或提出了重叠的海洋权利主张，才会产生关于《公约》的解释或适用的争端。所以，如果岛礁的主权归属未定，一国基于岛礁的海洋权利主张是否符合《公约》规定就不能构成一个可以提交仲裁的具体而真实的争端。菲律宾要求仲裁庭先行判断中国的海洋权利主张是否符合《公约》的规定，是本末倒置。因为任何国际司法或仲裁机构在审理有关岛礁争端的案件中，从未在不确定有关岛礁主权归属的情况下适用《公约》的规定先行判定这些岛礁的海洋权利。同时，对于低潮高地能否被据为领土本身也是一个领土主权问题，因为《公约》没有关于低潮高地能否被据为领土的规定，对其的判断应依据一般国际法或习惯国际法。即《公约》序言规定："缔约国确认本公约未予规定的事项，应继续以一般国际法的规则和原则为准据。"所以，低潮高地不是有关《公约》的解释或适用的问题。

对于第三类和第四类仲裁事项，中国认为，中国在南沙群岛和黄岩岛附近海域采取行动的合法性是基于中国对这些岛礁拥有主权及相关的海洋权利。菲律宾提起此类仲裁事项的前提是，菲律宾的海域管辖范围是明确而无争议的，中国的执法活动进入了菲律宾的管辖海域。但迄今中菲两国尚未进行海域划界。所以，在对菲律宾的此类主张进行裁定前，应先确定相关岛礁的领土主权并完成相关海域划界，否则，违背海域划界应以《国际法院规约》第38条所指国际法为基础以及必须"考虑所有相关因素"的原则，将直接影响今后中菲海域划界问题的公平解决。同时，中国一贯尊重各国依据国际法在南海享有的航行和飞越自由，且南海的航行和飞越自由从未受到任何损害，相反，南海的航行和飞越自由是安全的、有保障的。

可见，菲律宾要求在不确定南海岛礁主权归属的情况下，先适用《公约》的规定确定中国在南海的海洋权利，并提出一系列仲裁请求，违背了海洋争端所依据的一般国际法原则和国际司法实践。仲裁庭对菲律宾提出的任何仲裁请求做出判定，都将不可避免地直接或间接对南海岛礁的主权归属做出判定并产生实际上海域划界的效果，所以，中国认为，仲裁庭对菲律宾提起的诉求事项没有管辖权。

三、运用综合性措施加强对南海问题的应对

我们要加快组织出版南海问题的研究成果，这也是可行而必要之方法，以普遍提升研究和认知水平。要创造条件选派一批优秀国际法学者赴国外或国际组织培训和进修，以为海洋争议司法或仲裁储备必要人才。此外，在坚持原则立场的情形下，加强与菲律宾的对话和协调也特别重要。

从中期看，我国须针对南海出现的各种事态进行预判并做好预案，包括重申南沙岛礁的名称和地理位置，出版南海诸岛新地图，公布部分南沙岛礁的领海基点和基线，明确南海断续线的性质及线内水域的地位、历史性权利的内涵及其与《公约》之间的关系，关键应明确南海的

战略目标。

从长远看,南海关系我国周边战略环境的安全、中国持续发展的保障进程,关联海洋强国战略和海上丝绸之路建设,最终影响中国的崛起,所以应高度重视南海问题。为此,建议成立国家南海问题专职领导机构,并尽快在新制定的海洋法中予以明确,包括进一步规范现今已成立的各种海洋管理机构的职权,以实质性地全面统筹海洋事务。当然,加强对海洋研究和教育机构的组织协调,包括新设中国海洋战略研究院和中国国际法大学等,也特别关键。

总之,应高度认识南海仲裁案对我国的不利影响,责成专职部门和机构进行统筹和协调并提供多维对策,以全面合理地弥补损害并处置后续可能发生的重大海洋问题,包括针对南海的各种态势和事态进行全面的应对和强力的管控,为中国梦的实现做出海洋事业的重要贡献。

四、直接有关国家仍应谈判解决争端

中国在涉及领土主权和海洋权益的问题上,一贯坚持由直接有关国家通过谈判的方式和平解决争端。菲律宾单方面提起的强制仲裁,违反中菲两国间和区域性文件的约定。

中菲两国就友好磋商和谈判解决南海争议在双边和区域性文件中已经做出了规定并达成共识。在中菲两国的双边文件中规定了谈判协商解决争议的内容,主要为:1995年8月10日《中华人民共和国和菲律宾共和国关于南海问题和其他领域合作的磋商联合声明》第1点和第8点,1999年3月23日《中菲建立信任措施工作小组会议联合公报》第5段和第12段,2000年5月16日《中华人民共和国政府和菲律宾共和国政府关于21世纪双边合作框架的联合声明》第9点,2001年4月4日《中国—菲律宾第三次建立信任措施专家组会议联合新闻声明》第4点，以及2002年11月4日中国政府代表与东盟十国政府代表共同签署的《南海各方行为宣言》第4条。

上述中菲两国的双边文件在提及以谈判方式解决有关争端时反复使用了"同意"一词，确立两国之间相关义务的意图明显。在《南海各方行为宣言》第4条使用了"承诺"一词，表示给予一个正式的诺言，以约束自己或使自己受到约束，也表示同意、接受谈判解决争端之义务。而根据国际法，一项文件无论采用何种名称和形式，只要其为当事方创设了权利和义务，则这种权利和义务就具有拘束力。所以，菲律宾无视上述文件的规定和共识，单方面提起仲裁，违反利用谈判协商解决南海争议的约定，而"约定必须遵守"是国际法的原则，例如《维也纳条约法公约》第26条规定，凡有效之条约对其各当事国有拘束力，必须由各国善意履行。

同时，菲律宾在提起仲裁案前应履行《公约》多种义务，这些义务规定在《公约》的第280条、第281条、第282条和第283条中。具体为各方有权选择和平方法解决争端，优先用尽协议选择的和平方法、区域性或双边协议规定的程序以及交换意见的义务等。从菲律宾提起仲裁的事项看，它们均不是迄今中菲两国已经谈判协商的事项。

当然，我们也要意识到，在菲律宾政府对仲裁庭最终裁决"赋予"的权利未放弃的情况下，此裁决是客观存在的；在中菲南海核心争议（南沙部分岛礁的领土主权争议和海域划界争议）最终解决前，也是不会自动消亡的。所以，其影响将是中长期和极恶劣的。对此，我国必须有清醒的认识并应给予高度重视。

五、南海仲裁案最终裁决的后续不良影响

第一,严重地损害《公约》体系的权威性和整体性,破坏《公约》的立法宗旨和目的,损害国家自主选择争议解决方法的权利,尤其是对国家做出排除性声明事项有无管辖权带来了不可预见性,使国家对《公约》体系失去信心。同时,在国际社会也将呈现对历史性权利与《公约》之间的关系、岛屿新三要件论等的争议。

第二,影响国家间通过双边和多边文件延缓争议的应有作用,使国家间利用此方法达成共识的意愿减少。

第三,在仲裁庭最终裁决的"权利"无法得到满足的情况下,菲律宾或其他国家势必会对执行裁决做出多种反应,以要求中国遵守执行。为此,它们可能在国际组织包括在联合国安理会、联合国大会上提出要求中国遵行最终裁决的议案,使中国处于政治外交严重不利的被围攻态势,损害国际形象,恶化外交关系。

第四,他国仿效菲律宾的做法,就是将争议提起仲裁或司法解决。

第五,某些国家尤其是美国将依据所谓的最终裁决增加在南海的行为和活动。

第六,仲裁庭越权认定将美济礁、仁爱礁以及礼乐滩纳入菲律宾专属经济区内的违法裁决,增加我国的执法难度,损害我国渔民的作业范围和利益。

六、所谓最终裁决绝不承认和执行

应该指出的是,菲律宾提起的仲裁诉求实质是领土主权和海域划界问题,而领土主权不属于《公约》的调整范围,中国于2006年8月依据《公约》第298条的规定做出的排除性声明排除了四类争端(海域划界、历史性海湾或所有权、军事和执法活动以及联合国安理会执行《联合国宪章》所赋予的职务等争端）适用强制解决的程序，此声明构成《公约》的组成部分，应该受到尊重，也符合多数国家的实践。即使菲律宾认为其所提仲裁事项不属于中方2006年8月声明所涵盖的争端，但在中国对此持不同看法的情形下，菲律宾应先行与中国解决该问题，然后才能决定能否提交争端，否则，将严重损害和破坏《公约》的整体性及权威性。所以，菲律宾单方面提起的仲裁，违反和滥用《公约》规定，是非法的、无效的。而仲裁庭无视事实，强行审理和行使管辖，属随意扩权和滥权，对于这种自始就无效的仲裁，中方当然不会接受，仲裁裁决不具有约束力，中国政府也不会执行。

换言之，菲律宾企图通过仲裁案否定中国在南海的领土主权和海洋权益，掩盖其非法侵占中国南沙群岛部分岛礁的事实，抹黑中国的国际形象，激化中菲矛盾，构成对地区和平稳定的严重威胁。无论仲裁案最终结果如何，中方都不会接受和承认裁决，更不会执行。中方不会同意任何国家以此裁决为基础与中方商谈南海问题，也不会接受任何国家、机构和个人以仲裁裁决为基础提出的一切诉求和主张。中国政府的上述政策和立场是一贯的，今后也不会改变。

本文原刊于《新民周刊》2016年第29期，2016年7月25日

中国成为全球和区域治理的引领者与弄潮者

一、引言：中国成为全球和区域治理的引领者

中国今年最重要的主场外交"二十国集团（G20）领导人杭州峰会"已圆满闭幕，以构建"创新、活力、联动、包容的世界经济"为主题的G20杭州峰会取得了极好的效果和巨大的成果，包括发表了《二十国集团领导人杭州峰会公报》和28份涉及各领域和具体计划的成果文件，使中国成为全球治理的引领者和弄潮者。因为中国提出的方案不仅符合时代潮流，而且符合各国发展现实需求，切中要害，提出的方案具有可操作性和保障性，深受各国好评！

继G20杭州峰会之后，2016年9月7—8日东盟合作系列峰会（中国—东盟会议，东盟—中日韩会议和东亚峰会）在老挝万象举行，也取得了一系列的成果，中国成为区域治理和发展的引领者和贡献者。尤其是国务院总理李克强系统地阐述了中国与东盟的关系，以及未来发展的方向，使中国外交更具自信和担当。中国特别强调了中国—东盟关系取得的成果得益于"信、义、利、和"的成功实践和"亲诚惠容"周边外交政策的长期成功坚持，展望了未来25年双方关系为提质升级的"成熟期"的愿景。这是中国新一届领导人外交政策的综合实践和丰富体现，为中国点赞！

二、中国与东盟关系发展的关键：南海问题

为进一步丰富和发展中国—东盟关系，切实落实系列会议通过的文件内涵，使各国分享中国发展的成果，实现共同发展的目标，南海问题是无法回避的重大问题。因为南海不仅是中国建设海洋强国、推进"一带一路"的指标和关键区域，又是大国博弈的重要场所。同时，南海是具有重要经济、安全、文化、通道及地缘政治影响的平台，具有无可估量的战略价值和作用。

众所周知，南海问题自美国"亚太再平衡战略"提出和部署以来，深受国际社会广泛关注，尤其是菲律宾单方面于2013年1月22日提起南海仲裁案，仲裁庭超越权限，利用《联合国海洋法公约》的制度性缺陷，于2016年7月12日做出所谓的最终裁决以来，南海问题也未成为东盟合作系列峰会会谈的焦点。这得益于中国政府对南海问题的政策和立场得到多数国家的广泛支持，这些国家对中国维护南海权益的意志和决心的理解和领悟，更是南海问题自身的复杂性和重要性导致的结果。

换言之，中国提出和坚持的"双轨思路"得到了东盟国家的认同和发展，具体体现在中国与东盟国家之间通过的两个文件（即《中国与东盟国家应对紧急事态外交高官热线平台指导方针》和《中国与东盟国家关于在南海适用〈海上意外相遇规则〉的联合声明》）上。即合理管控危机、遵守和制定规则、合作处置南海问题，是稳定和发展中国与东盟关系的不二抉择，也是中国与东盟国家的共同责任，南海区域以外的国家尤其应尊重中国与东盟国家之间的努力，而不是破坏和干涉。

三、中国—东盟关系展望

尽管中国与东盟国家之间针对南海问题的管控措施得到了再次的巩固和确认，但这并不表示南海问题已经解决或一劳永逸。相反，包括南海区域内外的国家仍将单独或联合地采取具体的行为和措施，设法阻碍和干涉南海问题，增加中国—东盟对南海问题管控和处理的难度，对此我们必须有清醒的认识。

为此，针对南海问题，我国除政治外交攻势外，尤应强化对南海仲裁案裁决内容的法理批驳。重点包括对菲律宾提起的仲裁案不符合前提条件；损害国家自主选择解决方法的权利；仲裁庭没有管辖权、超越权限，在事实认定和法律适用上存在严重的错误等方面，所以其做出的裁决中国不予承认、对中国无拘束力。

同时，我国应进一步加强对南沙、中沙群岛的管控，尤其应提供公共设施和产品，为各国提供海事服务和安全保障。当然，加强与管控南海相适应的保卫措施和军力部署也不可缺少。

最后，东盟是各国争夺、博弈的场所和舞台，为此，我国在利用经贸、产业、基础设施等优势的基础上，如何将其转化为政治外交和安全保障，并增加中国的综合影响力，也是应该考虑的重大问题，以增加东盟国家对中国的向心力和安全感。所以，中国真正地落实上述系列会议文件成果、做细做实各方面的工作就特别重要。

四、余言：中国的坚持与贡献

不可否认，中国进一步丰富和发展与东盟的关系，是我国外交的优先方向，也是我国大国外交成功转型的关键。所以，我国在推进"一带一路"尤其是"21世纪海上丝绸之路"的过程中应统筹协调、合理评估，尤其应逐步树立典范性的工程项目，合理利用诸如丝路基金、亚洲基础设施投资银行等机制，切实发挥其功效，为中国树立更好的国际形象服务，为国际和区域提供安全环境。这符合世界潮流和发展趋势。

本文原刊于（上海电视台）环球交叉点，2016年9月14日

中国处置南海问题争议的若干对策建议

由菲律宾单方面提起的南海仲裁案,仲裁庭在中国政府持续反对、拒绝参与的情形下,执意推进仲裁程序,利用《联合国海洋法公约》的制度性缺陷,在擅自扩大甚至超越权限的基础上,做出了全盘否定中国立场及主张并在事实认定和法律适用等方面存在严重错误的所谓"最终裁决"(2016年7月12日),引起国际社会的极大争议,使我国在南海的主权和海洋权益受到严重减损。

为进一步厘清仲裁庭裁决的错误性及其负面影响,维护《公约》权威,并探究应对措施,本文重点就南海仲裁案最终裁决的评价、南海仲裁案裁决的核心争议(南海断续线、历史性权利、岛礁要件及地位)、南海仲裁案的后续不利影响,以及我国今后应采取的措施等进行了分析。

一、中国政府批驳南海仲裁案的效果评价

自菲律宾单方面提起南海仲裁案以来,我国政府部门在不同的时间节点宣示了针对南海仲裁案、南海问题的立场和态度,尤其在南海仲裁案所谓的"最终裁决"出台后,利用多种资源和方式展开了必要的"舆论战"和"法律战",进一步阐述了中国政府的政策与立场,不仅博得

了一些国家的同情和理解,也统一了国内的思想和行动,取得了一定的效果,这是值得肯定的,可谓是在政治和外交领域取得了第一阶段的胜利。

尽管如此,国际社会仍不时出现要求中国政府遵守国际法包括仲裁庭做出的最终裁决内容的呼声,特别体现在《海洋安全保障七国集团外长声明》(2015年4月15日、2016年4月11日)、《七国集团首脑宣言》(2015年6月8日)以及《第六届美日澳部长级战略对话共同声明》(2016年7月25日)、《美日澳战略对话高级事务协议会声明》(2016年9月19日)等文件中。为此,我国如何在总结第一阶段工作的基础上,做好第二阶段反驳工作就特别重要。换言之,针对南海仲裁案第二阶段的工作重点应以国际法反驳裁决并要求审议及提出修改《公约》制度的意见为主,以消弭其带来的多种不利影响。

二、南海仲裁案最终裁决的不利影响

尽管南海仲裁案是一起披着法律外衣的政治闹剧,但如果包括中菲在内的南海争议未得到解决,则所谓的最终裁决客观存在,依然会被某些国家和国际组织适时提起及利用,并将在外交、法律、执法及安全等方面带来众多的不利影响。主要体现在以下方面:

第一,南海仲裁案严重损害《公约》体系的权威性和整体性,破坏《公约》的立法宗旨和目的,应该予以批驳。该最终裁决损害国家自主选择争议解决方法的权利,尤其出现对排除性声明事项有无管辖权的不可预见性,使国家对《公约》体系失去信心。同时,在国际社会也将呈现对历史性权利与《公约》之间的关系、岛屿新要件论等的争议,不仅使《公约》受到挑战,也使南海争议更为复杂,解决更为困难。

第二，南海仲裁案影响国家间通过双边和多边文件缓和南海争议的应有作用。仲裁庭对关于南海的双边或多边的"协议"，狭义地解释为"法律协议"的观点，使中国与东盟国家间持续利用政治/外交方法达成共识的意愿减少，信任措施无法提升和落实，从而使争议问题的解决更为艰巨。

第三，在仲裁庭最终裁决赋予菲律宾的"权利"无法得到满足的情况下，菲律宾或其他国家势必会对执行裁决做出多种反应，以要求中国遵守执行。为此，它们将在国际组织包括联合国大会、联合国安理会等场合以及在双边文件中提出要求中国遵守最终裁决的议案和规定，使中国处于政治外交严重不利的被围攻态势，既损害中国国际形象、恶化外交关系，也消耗中国外交资源。

第四，其他国家可能仿效菲律宾的做法，包括在南海、东海问题上根据事态的发展择时提起针对中国的所谓仲裁或司法的程序，以稳固自身更多的海洋权益。为此，中国将处于是否继续坚持"不接受、不参与"、"双轨思路"等政策选择和挑战的困境。对此，必须予以持续关注。

第五，某些国家尤其是美国将依据所谓的最终裁决增强在南海诸岛的行为和活动。包括单独或联合他国的方式（"1+X"模式）实施所谓的航行及飞越自由行动，增加其对我国在南海的安全威胁和我国的应对难度。

第六，仲裁庭越权裁决严重影响我国在南海诸岛的权益。仲裁庭认定将美济礁、仁爱礁以及礼乐滩纳入菲律宾专属经济区内的变相划界违法裁决，损害了我国在南海诸岛的主权和权益，减少了我国管辖海域的范围，增加了我国在南海诸岛周边海域的执法难度，损害了我国渔民的作业范围和利益。

三、中国消除南海仲裁案不利影响的若干措施及对策建议

仲裁庭主要依据《公约》的制度及规定做出了不公正、不合理的、违法的最终裁决,为彻底地消除其不利影响,从法理上予以驳斥是比较有效且合理的方法。具体措施及对策建议如下:

(一)多边层面。我国可依《公约》第312条的规定,向联合国秘书长以书面通知的方式提交修正《公约》的提案,并依《公约》第155条之要求召开审议会议或在缔约国会议上提出审议《公约》制度的建议。具体内容包括:历史性权利与《公约》间的关系、历史性权利在《公约》中的规范及其法律渊源、岛屿要件的明晰化、群岛国制度适用于大陆远洋国家的可能性、国家做出排除性声明的效果及争议认定的方法等。但由于要求审议会议以及修正案需要以协商一致方式达成,所以采用此方法的实际效果不大,但在缔约国会议上建议讨论这些事项,至少体现了中国的立场,也会得到一些国家认可。这对于完善《公约》体系,反制试图孤立中国并指责中国违反国际法等行为有一定的积极作用。

(二)双边层面。鉴于南海争议问题主要涉及中国与东盟某些国家,所以进一步稳固并推进南海问题机制建设就特别重要。我国应在全面有效落实《南海各方行为宣言》及其后续措施的基础上,进一步加快推进海洋低敏感领域合作步伐,取得阶段性成果,尤其应就制定"南海行为准则"加快步伐,体现中国与东盟可合力缓和与处理南海争议问题的能力和成果,减少域外大国干涉的借口。

在双边层面上,我国尤应处理协调好两对关系,即中菲关系和中美关系。

第一,中菲关系。菲律宾新总统杜特尔特上台后,有改善与中国关系的言行,但其在南海领土主权和海洋权益问题上并未有让步的可能,

仅存在协商谈判的意向。在此背景下,中国如与菲律宾就南海争议进行谈判,双方均无让步的可能性,所以,为缓和南海争议,比较容易的做法是两国应尽力构筑危机管理制度,包括在南海就应急事态构筑热线联络通报机制、适用海上意外相遇规则,并尽力采取双方不开发海域资源的政策;同时,在经贸和基础设施等方面适度加大投资和合作力度,则是可以取得信任、缓和关系的重要手段。

第二,中美关系。在20国集团领导人杭州峰会上,中美两国首脑达成了多项共识,包括加强两国新型关系建设,加强海警合作、海洋合作等,目的是通过沟通和合作,妥善管控分歧,推动中美关系持续健康稳定发展。尽管如此,美国仍会在不同的时期、以不同的方式、在不同性质的南海诸岛周边海域强化所谓的航行及飞越自由行动与联合军事演习等,以抑制中国"过分的"海洋权利主张,进一步要求中国遵守国际法包括海洋法制度和海洋秩序,以所谓的"国际规则"谴责和威慑中国,遏制中国进出海洋进程。为此,我国不仅应继续加强与美国的沟通及协调,重要的是应让美国切实遵守两国军事部门于2015年达成的《重大军事行动相互通报机制谅解备忘录》和《海空相遇安全行为准则谅解备忘录》及其后续附件行为规范,以增加共识和互信,共同管控海洋秩序,确保航行和飞越自由。更重要的是,中国应创造条件与美国就海洋航行和飞越自由展开对话和协商,诸如设立中美海洋安全合作论坛,以制定具有指导性质的文件,体现中国尊重并理解航行和飞越自由的重要性及维护海洋秩序的责任。

(三)国内层面。不可否认,南海仲裁案是我国在海洋法领域遇到的首个案件,如何以此为契机,进一步加强南海问题的系统化研究、强化海洋体制机制和人才培养等工作应是重点完善的关键。

在重大海洋问题包括南海问题上,我国一直是受害者、受损者。

因为我国受制于两岸分裂、海洋科技装备落后和海洋意识淡薄等因素制约，历史上丧失了管控海洋的时机。现今仲裁案的提起及所谓"最终裁决"的出台，使我国成为了不遵守国际法、挑战国际秩序的"非法者"。为改变这种局面，我国应采取以下措施强化处置海洋问题的能力和水平，以维护和确保我国在南海的领土主权和海洋权益。

第一，进一步理清我国在南海诸岛问题上的历史证据。迄今，我国学者针对南海问题历史证据的研究课题众多，但公开出版可资利用的相关书籍资料不多，应选择一些有代表性、有力的证据材料出版发行，供专家学者平等地研究使用。同时，在对已经形成的研究成果进行辨析审议，并认为在证据材料不够完善的情形下，应加快专项研究工作步伐，使准确的历史依据为国际法所支撑并引证。应打破部门利益的藩篱和学科界限，要从国家战略的高度进行统筹和规划。

第二，依据代表性的历史证据细化国际法研究。我们应以南海仲裁案裁决书为基础，对其核心问题展开系统性的国际法研究，以为我国今后主动提起海洋问题司法程序或以法理反驳南海仲裁案做好准备。当前，比较重要的工作是委托学术团体或机构尽快翻译出版仲裁裁决书文本，以使翻译准确规范的文本为专家学者系统研究所用，提高研究效率。

第三，抓住和利用时机强化对南海诸岛的控制权。目前，我国在南沙岛礁的陆域吹填工程暂告结束，重点应转向环境保护，并提供系列公共产品。但如上所述，以美国为首的国家将以不同的方式和频度行使所谓的航行及飞越自由行动，为此，我国应在政治外交和安全上依然坚持已有立场和做法，并根据南海安全情势的发展，抓住和利用时机，强化海上安全保障设施建设，加强实际管理措施，并完善海洋法律制度。

第四，培养和选派国际法人才赴国外机构留学及服务。人才是一切工作的关键，海洋人才培养工作也不例外。为使中国的国际法人才适应中国大国的国际地位，我国应有计划地选派国际法人员赴外国机构留学、进修，派遣人员赴国际组织包括司法机构任职，并选派国际法人才赴各使领馆任职，以巩固和宣传中国针对海洋问题的政策和立场。为此，应设立专门培养国际法人才的学校和基地，以及创设和整合海洋专业化的研究机构。

第五，进一步理顺海洋事务体制机制职权。不容置疑，做好上述工作的保障，是进一步明确和完善海洋事务体制机制职权，即明确我国主要海洋机构（中央海权工作领导小组及其办公室、国家海洋委员会及其办公室、国家海洋局、中国海警局和国家海事局等）的职权，制定和实施海洋相关法律法规，以规范各机构的职权和行为，为处置海洋事务提供保障。

当前，为否定南海仲裁案的裁决效力，在阐述仲裁案性质、界定裁决的错误性和违法性，以及宣示中国南海问题政策和立场的基础上，重要的是由全国人大及其常委会通过否定仲裁案裁决书效力的决议，以增强我国政府对南海仲裁案裁决声明的法律效果，补充我国政府针对南海仲裁案的政策"不接受、不参与、不承认"的合理合法性。

四、余言

海洋问题尤其是南海问题，是中国成为区域性海洋强国、推进21世纪海上丝绸之路进程、建设海洋强国的重要指标，为此，我国应以南海仲裁案为契机，全面加强南海核心争议问题系统化研究进程，确保我国的海洋政策和立场被国际社会所理解和接受，从而维护和确保我国的海洋领土主权和海洋权益，为中国的进一步发展提供基础和动力。而那种认为南海仲裁案已经翻页，不利影响已经消弭的观点，是不可取的；相反，此裁决如套在孙悟空身上的符咒，影响恶劣，必须予以高度警惕。为此，应进一步强化并系统化对海洋的历史与国际法的联合研究，为中国合理伸张海洋领土主权和海洋权益做出贡献。

2016年10月18日

中国海洋政策的文化之维

由于众多的主客观原因,包括长期以来我国海洋意识淡薄、海洋科技和海洋装备落后、海洋地理环境相对不利等原因,我国积累了较多的海洋问题。随着国际社会开发利用海洋及其资源的需求和力度加大,尤其是《联合国海洋法公约》的生效和实施,我国面临的海洋问题尤其是南海问题和东海问题日益突出,危及海洋秩序和区域安全。

对于中国面临的这些海洋问题,我国政府提出了具体的解决原则和方法,也取得了一定的成果,但也面临一些困境和挑战。不可否认的是,我国针对海洋的政策始终如一并不断发展,包括坚持协商谈判解决,"主权属我、搁置争议、共同开发","双轨思路"倡议(即有关争议由直接当事国通过友好协商谈判寻求和平解决,而南海的和平与稳定则由中国与东盟国家共同维护),制定规则、管控危机、资源共享、合作共赢,实现和平、友好、合作之海,并实现"和谐海洋"目标等。它们均具有深厚的文化要素,特别体现了和平性、包容性、合作性的意愿,完全符合国际社会包括海洋秩序在内的发展趋势,应该受到理解和尊重。换言之,我国海洋政策中蕴含的和平性、包容性和合作性原则,不仅是传统文化在海洋中的运用和发展,而且体现了中国文化在治理海洋中的地位与作用,有研究的价值。

本文拟对我国依据国情倡议的海洋政策的原则或方针进行初步考察，指出其合理性和可行性，以区别于从海洋文化和海洋软实力视角的分析，目的是让更多的人理解我国海洋政策的成因，以及文化要素在海洋中的地位与作用。

一、中国海洋政策的和平性：符合国际社会的原则和愿望

中国对于涉及国家重大利益的海洋问题，坚持优先通过和平的政治或外交方法包括与相关国家直接协商谈判的方法解决与其他国家之间的海洋争议问题，这种政策的和平性完全符合国际法的制度性要求和中国的国家实践，值得坚持。

利用和平方法解决国家间争议不仅是《联合国宪章》的规范性要求，例如《联合国宪章》第2条第3款、第33条；符合《联合国海洋法公约》和平解决争议的原则，例如《联合国海洋法公约》第279条；符合区域性制度要求，例如《南海各方行为宣言》第4条；亦符合其他双边文件要求，例如中菲系列联合声明（共同宣言），中越系列联合声明，《中日政府联合声明》第6条和《中日和平友好条约》第1条第2款等。

利用和平方法尤其是政治方法解决国家间海洋争议也符合中国的理论和实践。例如《全国人民代表大会常务委员会关于批准〈联合国海洋法公约〉的决定》第2条，《中国专属经济区和大陆架法》第2条第3款，以及2006年8月25日中国依据《联合国海洋法公约》第298条的规定向联合国秘书长提交的将包括领土主权、海域划界、历史性所有权和其他执法活动等事项排除强制性管辖的书面声明等。同时，在过去50年中，中国经过努力，通过协商谈判解决了与周边12个国家的陆地领土边界问题，签署了29个陆地边界条约；与越南缔结了《中越北部湾划界协

定》和《中越北部湾渔业协定》（2014年6月30日生效）。换言之，中国坚持优先利用政治方法解决了多个与周边国家之间的领土争议问题，取得了丰硕的成果。

二、中国海洋政策的包容性："搁置争议、共同开发"的合理性与艰难性

针对东海问题和南海问题，我国提出了"主权属我、搁置争议、共同开发"的政策和方针，体现了对其他国家的主张予以尊重和理解的立场，具有包容性的特征，特别蕴含"主权不可分割，资源可以分享"的理念。

对于东海尤其是钓鱼岛问题，尽管"搁置争议"内容并未在《中日政府联合声明》（1972年9月29日）、《中日和平友好条约》（1978年8月12日）中体现，但《中日和平友好条约》换文（1978年10月23日）后的1978年10月25日，时任中国政府副总理邓小平在日本记者俱乐部上的有关回答表明，两国在实现中日邦交正常化、《中日和平友好条约》的谈判中，存在约定不涉及钓鱼岛问题的事实。换言之，中日两国领导人同意就钓鱼岛问题予以"搁置"。若非如此，针对邓小平在日本记者俱乐部上的回答，日本政府可做出不同的回答，而他们并未发表不同的意见，也没有提出反对的意见，这表明对于"搁置争议"日本政府是默认的。应注意的是，由于邓小平副总理在日本记者俱乐部上的回答，是在1978年10月23日中日两国互换《中日和平友好条约》批准文后举行的，所以针对钓鱼岛问题的回答内容，具有补充《中日和平友好条约》内容原则性、抽象性的缺陷，具有解释的作用和效果，即针对钓鱼岛问题的回答内容，也具有一定的效力。因为《维也纳条约法公约》第32条第2

款规定，对于条约的解释，条约之准备工作及缔约之情况，也可作为解释条约之补充资料。

同时，《中日渔业协定》（1997年11月11日签署，2000年6月1日生效）的第1—3条，将钓鱼岛周边海域作为争议海域处理，承认两国对钓鱼岛周边海域存在争议，体现了其是以"搁置争议"共识为基础。此后，日本政府也是以此"搁置争议"方针处理钓鱼岛问题的，具体表现为"不登岛、不调查及不开发、不处罚"。

在2008年6月18日中日两国外交部门发布的《中日关于东海问题的原则共识》中，也搁置了中日两国在东海的海域划界问题，蕴含共同开发的意识和理念。该《原则共识》指出，经过认真磋商，中日一致同意在实现划界前的过渡期间，在不损害双方法律立场的情况下进行合作，包括在春晓油气田的合作开发和在东海其他海域的共同开发。

对于南海尤其是南沙群岛争议问题，时任副总理邓小平于1984年明确提出了"主权属我、搁置争议、共同开发"的解决方针。1986年6月，邓小平在会见菲律宾副总统萨尔瓦多·劳雷尔时指出，南沙群岛属于中国，同时针对有关分歧表示，"这个问题可以先搁置一下，先放一放。过几年后，我们坐下来，平心静气地商讨一个可为各方接受的方式。我们不会让这个问题妨碍与菲律宾和其他国家的友好关系"。1988年4月，邓小平在会见菲律宾总统科拉松·阿基诺时重申，"对南沙群岛问题，中国最有发言权。南沙历史上就是中国领土，很长时间，国际上对此无异议"；"从两国友好关系出发，这个问题可搁置一下，采取共同开发的办法"。此后，中国在处理南海有关争议及同南海周边国家发展双边关系问题上，一直贯彻了邓小平关于"主权属我、搁置争议、共同开发"的思想。

此外，经过各方的努力，中国与东盟的一些国家依据"搁置争议、共同开发"的政策，取得了一定的成果。中国与越南缔结了《中越北部湾划界协定》、《中越北部湾渔业协定》；2005年3月14日，中国与菲律宾和越南签署《在南中国海协议区联合海洋地震工作协议》；依据《南海各方行为宣言》，中国与东盟国家于2011年7月20日就落实《南海各方行为宣言》指导方针达成一致共识；2011年10月11日，中越两国缔结了《关于指导解决中国和越南海上问题基本原则协议》，2011年10月15日《中越联合声明》发布。这些均为中国和东盟国家间利用和平方法解决南海争议问题提供了政治保障，具有借鉴和启示的作用及意义。

尽管"搁置争议、共同开发"具有国际法的理论基础，例如《联合国海洋法公约》第74条第3款和第83条第3款，也符合国际社会的国家实践，但由于南海问题的复杂性和敏感性，"搁置争议、共同开发"的政策，并未得到切实的尊重和发展。其理由主要为：东盟一些国家缺乏实施"搁置争议、共同开发"的政治意愿，"共同开发"难以启动；同时，东盟一些国家已单方面开发了南海的资源；加上南海尤其南沙争议涉及多方，特别是争议海域难以界定，存在实际操作上的困难，所以，"搁置争议、共同开发"的政策或方针在南沙的实施依然存在困境。

在这种情形下，应遵循"先易后难"的方针，重点应从海洋低敏感领域的合作予以突破，包括加强在海洋环保，海洋科学研究，海上航行和交通安全，海上搜寻与救助，打击跨国犯罪包括但不限于打击毒品走私、海盗和海上武装抢劫以及军火走私等方面的合作。这不仅符合《南海各方行为宣言》第6条的规定，也符合《联合国海洋法公约》第123条的规范性要求。换言之，尽管"搁置争议，共同开发"的政策具有合理性，但其在南海尤其在南沙群岛切实实施仍面临挑战和困境，所以中国与东盟国家找寻能够被多方接受的可行方案仍是重要而艰巨的任务。在此，南海区域的域外国家应尊重中国与东盟国家间的"双轨思路"政策，鼓励和促进中国与东盟国家间达成的共识，以提升政治互信，为解决南海问题做出贡献。

三、中国海洋政策的合作性：构筑海洋合作平台以实现多赢目标

由于海洋自身的复杂性和综合性，海洋的治理和海洋问题的解决，需要采取多方合作的态度，才能合理地处置海洋问题，并实现可持续利用海洋及其资源的目标。《联合国海洋法公约》序言指出："本公约缔约各国，意识到各海洋区域的种种问题都是彼此密切相关的，有必要作为一个整体来加以考虑。"同时，合作处理海洋问题也是《联合国海洋法公约》规范的要求，体现在多个条款内，例如《联合国海洋法公约》第100条、第108条、第117条、第118条、第123条、第197条、第242条、第266条、第270条、第273条、第287条。当然，合作原则也符合《联合国宪章》的要求，例如《联合国宪章》第1条、第2条、第11条、第49条等。换言之，合作处理海洋问题是包括《联合国宪章》、《联合国海洋法公约》在内的国际法的原则，必须尊重和执行。

而为切实实施合作原则，必须提供或创设具体的路径或平台，在这方面中国提供了很好的公共服务平台，以增进合作的潜能和功效。例如，通过设立亚洲基础设施投资银行、海上丝绸之路基金、中国—东盟投资合作基金等平台，推进"一带一路"倡议并加强与区域国家发展战略对接，实现合作共赢目标。

中国设立这些平台的主要目的，是为了将海洋包括东海和南海建

设成为和平、友好、合作之海,并实现和谐海洋目标。我国在2009年提出了构建"和谐海洋"的倡议,体现了对海洋问题的新认识、新要求,标志着我国对海洋秩序和海洋法发展的新贡献。因为该倡议是结合国内外海洋形势发展、符合时代发展需要的产物,以共同合作维护海洋持久和平与安全。和谐海洋的内容为:坚持联合国主导,建立公正合理的海洋;坚持平等协商,建设自由有序的海洋;坚持标本兼治,建设和平安宁的海洋;坚持交流合作,建设和谐共处的海洋;坚持敬海爱海,建设天人合一的海洋。即通过对"和谐海洋"的目标、原则、方向、路径、态度等的规范和界定,体现了人类开发利用海洋及其资源的美好愿望,合作处理海洋问题的根本趋势和必然要求,以实现人类利用海洋的多赢目标,达到人类与海洋的和谐共处。

四、中国海洋政策的一贯性:坚持国家主权平等原则处置海洋问题

中国针对海洋政策的上述立场与态度,不仅是一贯的,而且是长期的,具有连续性的特征。即中国处理海洋问题的政策始终蕴含文化之要素:和平性、包容性和合作性,体现了以和为贵的文化思想和精髓。

即使在2013年1月22日菲律宾单方面提起南海仲裁案,南海仲裁案仲裁庭无视中国政府始终拒绝仲裁的立场,执意推进仲裁,并于2016年7月12日做出所谓的最终裁决后,中国在一系列文件或声明中依然坚持与有关国家通过协商谈判方法解决南海争议的立场,体现了中国应对重大海洋争议问题政策的一致性和一贯性。

中国外交部受权发表的《中国政府关于菲律宾所提南海仲裁案管辖权问题的立场文件》(2014年12月7日)指出,菲律宾单方面提起仲

裁的做法，不会改变中国对南海诸岛及其附近海域拥有主权的历史和事实，不会动摇中国维护主权和海洋权益的决心和意志，不会影响中国通过直接谈判解决有关争议以及与本地区国家共同维护南海和平稳定的政策和立场。

《中国外交部关于应菲律宾共和国请求建立的南海仲裁案仲裁庭关于管辖权和可受理性问题裁决的声明》（2015年10月30日）指出，菲律宾企图通过仲裁否定中国在南海的领土主权和海洋权益，不会有任何效果；中国敦促菲律宾遵守自己的承诺，尊重中国依据国际法享有的权利，改弦易辙，回到通过谈判和协商解决南海有关争端的正确道路上来。

《中国外交部关于坚持通过双边谈判解决中国和菲律宾在南海有关争议的声明》（2016年6月8日）指出，中国坚决反对菲律宾的单方面行动，坚持不接受、不参与仲裁的严正立场，将坚持通过双边谈判解决中菲在南海的有关争议。

《中国政府关于在南海的领土主权和海洋权益的声明》（2016年7月12日）指出，中国愿继续与直接有关当事国在尊重历史事实的基础上，根据国际法，通过谈判协商和平解决有关争议；中国愿同有关直接当事国尽一切努力做出实际性的临时安排，包括在相关海域进行共同开发，实现互利共赢，共同维护南海和平稳定。

《中国外交部关于应菲律宾请求建立的南海仲裁案仲裁庭所做裁决的声明》（2016年7月12日）指出，中国政府将继续遵循《联合国宪章》确认的国际法和国际关系基本准则，包括尊重国家主权和领土完整以及和平解决争端原则，坚持与直接有关当事国在尊重历史事实的基础上，根据国际法，通过谈判协商解决南海有关争议，维护南海和平稳定。

同时，中国依据国家主权平等原则自主选择争端解决方法的权利，理应得到尊重，因为其不仅符合国际法原则和多国实践，而且得到了多数国家的认同。例如，中阿合作论坛第七届部长级会议通过的《多哈宣言》（2016年5月12日）强调指出，阿拉伯国家支持中国同相关国家根据双边协议和地区有关共识，通过友好磋商和谈判，和平解决领土和海洋争议问题；应尊重主权国家和《联合国海洋法公约》缔约国依法享有的自主选择争端解决方式的权利。

《中国和俄罗斯联邦关于促进国际法的声明》（2016年6月26日）指出，中国和俄罗斯重申和平解决争端原则，并坚信各国应使用当事方合意的争端解决方式和机制解决争议，各种争端解决方式均应有助于实现依据可适用的国际法以和平方式解决争端的目标，从而缓解紧张局势，促进争议方之间的和平合作；这一点平等适用于各种争端解决类型和阶段，包括作为使用其他争端解决机制前提条件的政治和外交方式；维护国际法律秩序的关键在于，各国应本着合作精神，在国家同意的基础上善意使用争端解决方式和机制，不得滥用这些争端解决方式和机制而损害其宗旨。

《中国和东盟国家外交部长关于全面有效落实〈南海各方行为宣言〉的联合声明》（2016年7月25日）指出，有关各方承诺根据公认的国际法原则，包括1982年《联合国海洋法公约》，由直接有关的主权国家通过友好磋商和谈判，以和平方式解决它们的领土和管辖权争议，而不诉诸武力或以武力相威胁。

从上述区域和双边文件内容可以看出，中国始终坚持的以政治方法或外交方法由直接有关的主权国家通过友好磋商和谈判解决争议，得到了多数国家的认可，所以，中国海洋政策的立场与态度，不仅具有一贯性，而且完全符合国际法的原则，必须得到尊重。

五、中国解决海洋争议问题的基本路径与要义

如上所述，中国应对和处置海洋问题的立场与态度，不仅得到了多数国家的支持，也符合国际海洋发展趋势。而为维系海洋秩序，确保海洋的和平与安全，中国保持了最大的克制，包括不在南海尤其在南沙进行开发资源的活动，没有强力阻止其他国家在南沙的资源开发活动，尽力推动机制建设，依据《南海各方行为宣言》及其后续行动指针的原则和要求，积极推动"南海行为准则"进程，并取得了阶段性成果。这样做的目的是，实现南海空间及其资源的功能性和规范性统一的目标，为区域发展做出贡献。具体来说，中国应对海洋问题的基本路径为：制定规则，管控危机，实施共同开发制度或最终解决海洋争议问题，以合理处理包括南海问题和东海问题在内的重大海洋问题，实现区域性海洋大国目标，为中国推进海上丝绸之路进程、建设海洋强国做出贡献。

总之，中国是海洋法制度和海洋秩序的坚定捍卫者，也是包括海洋法在内的国际法制度的维护者和建设者，中国的行为和做法理应受到国际社会的理解和支持。鉴于中国的发展进程和大国地位，要求其做出更大的国际贡献，承担更多的职责，也符合国际社会的期待。即和平合力处理海洋问题是国际社会的共同期盼，目的是维护海洋安全和秩序，使海洋更好地为人类服务，发挥海洋的独特贡献，这是国际社会的共同期盼，必须努力合作实现之。上述的海洋政策和方针，也体现了中国文化的基本要求，呈现为多个层面的合作趋势，体现了以和为贵、和合文化的本质，也是传承和坚持中国文化的应有之义。

最后，应该强调指出的是，中国恢复包括南海诸岛和钓鱼岛领土主权，实现主权和领土完整目标，不仅是中国政府正义合理的要求，更是

维系第二次世界大战后确立的国际法制度和国际秩序的合理归宿,应该得到国际社会的大力支持;否则,第二次世界大战后确立的国际规则和安全秩序将面临重大挑战和危机,这是国际社会不愿看到的现实境况。

本文原刊于《亚太安全与海洋研究》2016年第5期

稳定东亚海洋安全秩序，中国应积极作为

美国候任总统特朗普在竞选过程中的言论特别强调"美国第一"，包括"让美国再次强大"，减少对同盟国的支持，退出TPP协议，采取贸易保护主义的政策等，这可能会影响现有国际制度和战后秩序，阻碍全球化发展进程。

在东亚，如果美国的"亚太再平衡"战略退缩，则东亚海洋秩序将面临重塑。为此，中国为维护东亚尤其是南海区域安全秩序，应做出什么样的贡献，发挥什么样的作用，是应该考虑的重要问题。

不可否认，影响东亚安全秩序的重要问题是南海问题；而如何合理地处理南海问题则是稳定东亚区域安全的关键。

一、南海问题的本质及发展

所谓的南海问题，是指中国与东盟国家之间存在的岛屿主权和海域划界争议。这些争议在南沙群岛特别明显，涉及多国各方，互不退让。而为维护南海区域秩序，中国与东盟国家之间做出了持续不断的努力，包括缔结了多个双边文件和区域性文件（例如《南海各方行为宣言》及其后续文件），基本稳固了南海的和平与安定。

南海仲裁案仲裁庭于2015年10月29日做出的《关于管辖权和可受理

性问题的裁决》以及于2016年7月12日做出的所谓"最终裁决",不仅无法解决中菲两国之间的核心争议,无法达成所谓的最终和平解决的目标;相反,使南海问题争议更为复杂。

因为,阿基诺三世政府提起的诉项不是中菲两国之间的真实争议。仲裁庭扩大权限、片面认定事实和错误适用法律的行为,使中国在南海诸岛的权益严重受损,尤其关于历史性权利的法律基础认定以及岛屿新要件的标准的设立,引发国际社会的广泛争议。

可以认为,此裁决仲裁庭借用了《联合国海洋法公约》的制度性缺陷,包括无法批驳仲裁庭的管辖权认定、缺少对适用事实和法律错误的救济措施,无法确保不参与仲裁的国家的正当权益等,使《联合国海洋法公约》体系面临挑战。这种做法不仅剥夺了国家自主选择解决方法的权利,也使国家做出排除性声明事项具有不可预见性,丧失国家对《联合国海洋法公约》的信心以及使《联合国海洋法公约》失去权威性,影响海洋秩序稳定,并引起了对其制度进行修正的呼声和要求。

二、中国对南海诸岛的政策主张及法理依据

众所周知,中国针对南海诸岛的政策主张不仅是一贯的,而且是连续的。即使在菲律宾提起南海仲裁后的整个过程中也如此。具体体现在《中国政府关于菲律宾所提南海仲裁案管辖权问题的立场文件》(2014年12月7日)、《中国外交部关于应菲律宾共和国请求建立的南海仲裁案仲裁庭关于管辖权和可受理性问题裁决的声明》(2015年10月29日)、《中国外交部关于坚持通过双边谈判解决中国和菲律宾在南海有关争议的声明》(2016年6月8日)、《中国政府关于在南海的领土主权

和海洋权益的声明》（2016年7月12日）以及《中国外交部关于应菲律宾请求建立的南海仲裁案仲裁庭所做裁决的声明》（2016年7月12日）等文件上。

从其内容可以看出，中国将继续与直接有关当事国在尊重历史事实的基础上，根据国际法，通过谈判协商和平解决有关争议；中国愿同有关直接当事国尽一切努力做出实际性的临时安排，包括在相关海域进行共同开发，实现互利共赢，共同维护南海和平稳定。而中国在南海诸岛的权益主张为：中国对南海诸岛拥有主权；中国南海诸岛拥有内水、领海和毗连区；中国南海诸岛拥有专属经济区和大陆架；中国在南海拥有历史性权利。

中国拥有上述领土主权和海洋权益的法理依据为南海断续线，即中国最早发现、命名和开发利用南海诸岛及相关海域，最早并持续、和平、有效地对南海诸岛及相关海域行使主权和管辖，确立了在南海的领土主权和相关权益。换言之，中国南海断续线具有主权属性、海域划界属性、基于历史性权利下的特殊属性等功能；中国在南海诸岛的海域包括作为《联合国海洋法公约》缔约国所拥有的海域，以及基于历史性权利下可以主张的特殊海域。在此的关键问题为历史性权利的内涵及特殊海域的性质与范围。

一般认为，历史性权利分为排他性的权利和非排他性的权利，或专属性的权利和非专属性的权利两种类型。而排他性的权利主要为领土主权；非排他性的权利主要为捕鱼权、航行权和科考权。在此的焦点为中国对南海断续线内海域的非生物资源是否具有排他性的管辖权。这又涉及中国南海断续线的性质及线内水域的法律地位问题。

三、中国应发挥构筑海洋秩序作用

南海仲裁案所谓"最终裁决"的出台,要求中国政府在法理上进一步明确中国南海断续线的性质及线内水域的法律地位,这是对中国政府和学者的重大考验。而为维护东亚区域南海秩序,在无法尽早彻底解决南海核心争议的情形下,如何利用现有海洋制度和平台,进一步深化与东盟国家之间在海洋低敏感领域的合作进程,并缔结具有法律拘束力的"南海行为准则",是稳定南海区域秩序的重要方面。

这不仅要求各国提供海洋公共产品,而且要求各国合作确保南海航行安全秩序,这是世界各国的共同期待和合理愿望。美国新总统的上台,包括在"亚太再平衡"战略上的调整,如美国在东亚军事力量部署的减缩、同盟关系的弱化、制约中国意图的减少,将不可避免地削弱其管控东亚海洋秩序的"能力"。这就要求地区大国中国做出更大的贡献,发挥更大的作用,以稳固东亚海洋安全秩序。

所以,从这个意义上说,这将是中国成为负责任大国的重要机遇,也是维系东亚区域海洋秩序的重要舞台。换言之,在新的国际和区域情势下,中国的机遇与挑战并存。为此,中国必须有所作为并做好准备,以发挥中国在构筑东亚区域海洋秩序上的作用,持续发展中国与东盟之间的友好合作关系。中国能否合理地处理东亚海洋问题及构筑其秩序,则是中国成为区域性海洋强国的试金石。

本文原刊于《人民日报》海外网,2016年11月29日

时代的呼唤与中国的作用
——简评《美国·亚太地区国家海洋战略研究丛书》

由上海市美国问题研究所（海洋沙龙）组织策划的《美国·亚太地区国家海洋战略研究丛书》（八卷本）于2016年11月由时事出版社出版。内含美国、越南、印度、日本、菲律宾、韩国、俄罗斯和澳大利亚海洋战略研究，主要由国内研究海洋战略的知名专家学者撰写。本丛书经过策划、选题、遴选作者、确定出版社、组织讨论、审核大纲和内容等过程，历时三年完成，并由国防大学战略研究所前所长杨毅少将作总序。

此丛书内容包括海洋政治、海洋外交、海洋安全、海洋管理、海洋法制、海洋经济、海洋环保、海洋科技、海洋教育等方面，是一套全面系统介绍和阐述主要亚太国家海洋战略的力作，对于我国建设海洋强国、推进21世纪海上丝绸之路、维护我国海洋权益等，有重大的理论和现实意义。

在阐述国家海洋战略时，首先应提及海权的理论及要素，所谓的海权即统治海洋的权力和力量。美国海军历史学家、海军战略理论家阿尔弗雷德·塞耶·马汉（1840—1914年）在《海权对历史的影响》（1890年）中，主张应该拥有并运用优势海军和其他海上力量确立对海洋的控制权，以实现国家战略目标。

马汉将生产（产品）、海运、殖民地归结为海权的三大环节，其中生产的目的在于交换，海运是用来不断交换的，殖民地则是为了促进、扩大以及保护海运，所以它们具有联动性。同时，马汉将地理位置、自然结构、领土范围、人口、民族特点以及政府的特点和政策六个方面作为影响海权的要素。而在这六大要素中，既有常量，也有变量。其中国家尤其是沿海国家的地理位置、自然结构、领土范围原则上是固定的，它们是常量，具有不变性；国家的人口、民族特点以及政府的性质（特点及政策等）是可以变化的，它们是变量。所以，如何在巩固和确保常量的基础上，进一步改善和扩大尤其是提升海洋科技及装备进而影响变量，是增强国家海权的关键。

那么，这种以增强优势海军、海上力量确保对海洋的控制权的模式，使国家在生产、海运、殖民地相互促进的方法和路径，是否具有可持续性以及是否符合现今国际社会的发展趋势呢？换言之，这种传统的海权模式是否符合包括中国在内的国际社会的要求和发展趋势，是我们应该认真考虑的重大问题。怎样才能合理有序地利用海洋的空间及其资源，为人类造福呢？这需要对传统的海权理论进行反思，并构筑被国际社会广泛接受的海洋治理的规则和制度体系，使人类能够共享、共用海洋的恩惠，这是时代的正义呼唤和合理要求，以构建与实现"和谐、和平、合作之海"目标，发挥中国的应有作用。

自第二次世界大战结束，并随着独立运动的兴起和殖民地的消失，特别在国际法包括《联合国宪章》在内的国际秩序中确立了国家主权平等原则、禁止使用或威胁使用武力的原则，以及和平解决国际争端等原则后，传统的依靠武力和殖民地的做法受到限制或禁止，取而代之的是构筑了海洋法治体系，包括"日内瓦海洋法四公约"（1958年）和《联合国海洋法公约》体系（1982年）。换言之，海洋秩序治理纳入了法制的轨道，即国家对海洋空间及资源的开发和利用、利益的获取，必须依循国际法包括《联合国海洋法公约》，否则，超越这些制度性框架的权利主张无法得到承认，并将成为国际争议的起因。

在这种背景下，中国尽管依据包括《联合国海洋法公约》在内的国际法，不断地丰富和完善了国家海洋治理体系，基本构筑了初步的海洋法律体系，对于管理和控制海洋空间及资源发挥了重要作用，但不可否认的是，我国的海洋法制依然不够完备，海洋政策及规划依然需要补正。例如，缺乏海洋在《宪法》中的地位，缺少统领海洋事务的"海洋法"，以及明确海洋机构职权的"组织法"如中国海警局组织法。而如何较快、合理地制定这些法律，为中国海洋强国战略提供保障，从国际社会的实践看，一个比较有效的方法是借鉴其他国家的做法。为此，我们组织策划了具有代表性、不同类别和不同层次的国家作为研究对象，出版了《美国·亚太地区国家海洋战略研究丛书》，以期为推进海洋强国战略进程、建设21世纪海上丝绸之路做出绵薄的学术贡献。

此外，应该指出的是，尽管我们做了最大的努力，但因受到多方面的限制，包括海洋情势的发展与变化，国际海洋秩序的缺失和混乱，无法全面系统地将所有内容予以纳入和补充，同时，由于海洋战略的高度复杂性，我们的学识也无法企及，难免存在不少的错误。为此，期待您的不吝批评指正，以期我们在出版修订时做出比较全面合理的调整，为进一步研究相关国家的海洋战略提供帮助，这是我们所期待和希望的。

最后，借此特别感谢各位作者的辛勤劳作，感谢时事出版社的各位编辑，使《美国·亚太地区国家海洋战略研究丛书》能如期保质出版。

本文原刊于文汇新媒体，2016年12月1日

从上海到南海,中国离海洋强国有多远

2017年3月《政府工作报告》指出,应扎实推进"一带一路"建设。为此,本文就"一带一路"与国家海洋强国战略之间的关系,在推进"21世纪海上丝绸之路"进程中的南海争议问题的合作领域和模式,以及上海在其中的地位和作用展开分析,以充实上海的功能和定位,体现上海的担当和贡献。

一、"一带一路"与国家海洋强国战略之间的关系

自党的十八大报告提出建设海洋强国战略的目标以来,我国正在为全力推进国家海洋强国战略目标不断地努力,以实现依法治海目标,其中的一个主要标志为我国提出的"一带一路"倡议,尤其是"21世纪海上丝绸之路"的稳妥推进,对于实现我国的区域性海洋强国战略目标有重大的价值和意义。换言之,推进"21世纪海上丝绸之路"是我国实现区域性海洋强国战略目标的关键性举措。然后,在推进"21世纪海上丝绸之路"的进程中,必须合理地处理中国和东盟某些国家之间存在的南海争议问题。

二、"21世纪海上丝绸之路"与南海争议

从"21世纪海上丝绸之路"的路径看，南海区域无法回避，南海争议必须管控。鉴于南海问题尤其是南沙岛礁领土争议十分复杂，不仅关联的国家众多，而且南海所处的地理位置重要、资源丰富，在安全战略和通道运输上作用重大，所以，中国和东盟国家很难在南沙领土主权问题上做出妥协并达成共识，为此，我国提出了依"双轨思路"（即有关争议由直接当事国通过友好协商谈判寻求和平解决，而南海的和平与稳定则由中国与东盟国家共同维护）解决南海争议问题的合理而可行的政策方针，目的是遵循"先易后难"、"循序渐进"的原则，采取制定规则、管控分歧、共享资源的路径和模式，使各国共享南海的空间及资源，实现和平友好合作之海愿望，并为区域和平与稳定做出贡献。

为能依上述政策和原则管控和处置南海问题，中国政府做出了不断的尝试和努力，包括与东盟国家就制定"南海行为准则"进行磋商及做出目标愿景规划，以有效落实《南海各方行为宣言》确定的原则和精神，弥补《南海各方行为宣言》存在的缺陷和不足，并实现海洋功能性和行为规范性的统一目标。同时，构筑了适用于南海区域海洋合作的机制，包括设立亚洲基础设施投资银行、海上丝绸之路基金、中国—东盟投资合作基金等平台，以加强与区域国家发展战略对接，推进"一带一路"倡议进程，实现合作共赢目标。

三、上海在"21世纪海上丝绸之路"建设进程中的地位与作用

其实，在推进"一带一路"倡议，尤其在"21世纪海上丝绸之路"以逐步实现中国海洋强国战略的阶段性目标的过程中，上海可以大有作

为。因为，上海在海洋技术、海洋装备、海洋工程、海洋通讯、海洋渔业、海洋环境、海洋生态、海洋管理和海洋灾害、海洋气象、海洋安全、海洋教育和海洋人才等涉及海洋领域的诸多方面具有深厚的基础和众多的经验，完全可以在与东盟国家的海洋合作进程中发挥主导和引领作用。也就是说，上海在海洋低敏感领域（即主要除政治和军事以外的海洋领域）加强与东盟国家之间的合作，不仅可以发挥上海的原有基础和优势，实现"产、学、研"和政府、企业、公民及社会组织间的良性互动，也可为推进"21世纪海上丝绸之路"建设进程做出贡献。这完全符合中央对上海是"改革开放的排头兵，创新发展的先行者"的定位和要求；也有利于加快上海"四个中心"和"科创中心"的建设进程。

为此，如何加强与东盟国家之间在海洋低敏感领域的合作进程，寻找各方可以接受的合作领域，应该是上海尽快着力推进的重要方面。一个比较有力的措施或方法是，上海可组织考察团赴东盟国家调研，并举行专题座谈会，共商海洋合作大计，待条件成熟后，可适时举办海洋功能性专题合作论坛，以探究合作措施和对策并缔结合作协议，推动上海制定海洋规范性文件工作步伐，促进国家相关法制完善进程，共同推进区域海洋事业的发展。

四、余言

加强在海洋低敏感领域的合作，不仅符合《联合国海洋法公约》第123条的规定，也符合《南海各方行为宣言》第6条的规范性要求，所以中央政府会大力支持上海的行动，相信经过上海与东盟国家之间的海洋低敏感领域的功能性合作，可以尽早实现中国海洋强国战略中所要求的"四个转变"目标（2013年7月30日，习近平总书记在主持中共中央政治局就建设海洋强国研究进行第八次集体学习时，指出了建设海洋强国的基本内涵，即"四个转变"。内容为：要提高资源开发能力，着力推动海洋经济向质量效益型转变；要保护海洋生态环境，着力推动海洋开发方式向循环利用型转变；要发展海洋科学技术，着力推动海洋科技向创新引领型转变；要维护国家海洋权益，着力推动海洋权益向统筹兼顾型转变），并有利于对国家海洋权益的维护。换言之，在国家海洋强国战略蕴含"四个转变"的实现进程中，上海可以发挥重要的先导作用和经验积累。这无疑是对上海的要求，也是上海的应有职责。

本文原刊于《人民日报》海外网，2017年3月9日

延伸阅读索引

为便于读者进一步理解《海洋问题时评》（第二辑）内容，现将作者部分相关内容的论文分类一并列出，以供备查及参考。

1. 《论领海无害通过制度》，载《国际法研究》2016年第2期；人大复印报刊资料《国际法学》2016年第8期。

2. 《专属经济区与大陆架制度比较研究》，载《社会科学》2008年第3期。

3. 《专属经济区内军事活动问题与国家实践》，载《法学》2008年第3期。

4. 《专属经济区内军事活动问题对策研究》，载《国际法研究》第4卷（2011年4月）。

5. 《中美专属经济区内军事活动争议的海洋法剖析》，载《太平洋学报》2011年第11期；载《香川法学》第32卷第1期（2012年6月）。

6. 《岛屿与岩礁的法律要件论析》，载《政治与法律》2010年第12期；载人大复印报刊资料《国际法学》2011年第3期。

7. 《人类共同继承财产法律性质研究》，载《社会科学》2005年第3期。

8.《国际海底资源开发制度研究》，载《社会科学》2006年第3期；载人大复印报刊资料《世界经济导刊》2006年第5期。

9.《国际海底制度评价》，载《中国国际法年刊（2005年）》，北京：世界知识出版社2007年版。

10.《国际海底区域的法律地位与资源开发制度（1）》，载《广岛法学》第28卷第2期（2004年11月）。

11.《国际海底区域的法律地位与资源开发制度（2）》，载《广岛法学》第29卷第4期（2006年3月）。

12.《国际海洋法法庭与国际法院比较研究》，载《中国海洋法学评论》2005年第1期；载《国际法与比较法论丛》第13辑（2004年）。

13.《论海洋法的发展与挑战——纪念联合国成立70周年》，载《南洋问题研究》2015年第3期；载《京都产业大学世界问题研究所纪要》第31卷（2016年3月）。

14.《论东海问题与共同开发》，载《社会科学》2007年第6期；载人大复印报刊资料《中国外交》2007年第10期。

15.《论东海资源问题与解决方法》，载《广岛法学》第31卷第3期（2008年1月）。

16.《日本的海洋立法新动向及对我国的启示》，载《法学》2007年第5期；

17.《中日东海问题原则共识内涵与发展趋势》，载《东方法学》2009年第2期。

18.《日本最新海洋法制与政策概论》，载《东方法学》2009年第6期；载人大复印报刊资料《国际法学》2010年第5期。

19.《论东海问题本质与解决思路》，载《太平洋学报》2010年第11期。

20.《批驳"日本关于钓鱼岛等岛屿领有权的基本见解"的错误

性》，载《云南大学学报（法学版）》2011年第2期；载人大复印报刊资料《国际法学》2011年第7期。

21.《再驳"日本关于钓鱼岛等岛屿领有权的基本见解"的错误性》，载《东方法学》2012年第5期。

22.《日本"国有化"钓鱼岛行为之原因及中国的应对》，载《太平洋学报》2012年第12期。

23.《批驳日本针对钓鱼岛列岛"三个真实"论据之错误性》，载《太平洋学报》2013年第7期。

24.《批驳日本"尖阁诸岛宣传资料"论据的错误性》，载《太平洋学报》2014年第4期；载人大复印报刊资料《国际法学》2015年第5期。

25.《日本积极和平主义政策研究》，载《国际观察》2015年第2期。

26.《中国拥有钓鱼岛主权的国际法分析》，载《中国法学（英文版）》2013年第2期；载《当代法学》2013年第5期。

27.《钓鱼岛主权若干国际法问题研究》，载《中国边疆史地研究》2014年第2期。

28.《中国维护东海权益的国际法分析》，载《上海大学学报（社会科学版）》2016年第4期。

29.《论南海问题特质与海洋法制度》，载《东方法学》2011年第4期；载人大复印报刊资料《国际法学》2012年第1期。

30.《论南海问题法律争议与解决步骤》，载《云南大学学报（法学版）》2012年第1期。

31.《论南海资源开发的目标取向：功能性与规范性》，载《海南大学学报（人文社会科学版）》2013年第4期。

32.《南沙岛礁领土争议法律方法不适用性之实证研究》，载《太平洋学报》2012年第4期；载人大复印报刊资料《国际法学》2012年第9期。

33.《论海洋法解决南海争议的局限性》,载《国际观察》2013年第4期。

34.《中国南海断续线的性质及线内水域的法律地位》,载《中国法学》2012年第6期。

35.《南海问题的政策及国际法制度的演进》,载《当代法学》2014年第3期。

36.《海上丝路与南海问题》,载《南海学刊》2015年第4期;载《中国论坛季刊》2016年3月刊。

37.《论中国海洋政策与法律制度》,载《广岛法学》第30卷第4期(2007年3月)。

38.《新中国在海洋政策与法律上的成就和贡献》,载《毛泽东邓小平理论研究》2009年第12期。

39.《中国海洋安全问题与海洋法制完善研究》,载《香川法学》第29卷第3—4期(2010年3月)。

40.《中国海洋问题现状与对策研究》,载《广岛法学》第34卷第4期(2011年3月)。

41.《中国制定海洋基本法的若干思考》,载《探索与争鸣》2011年第10期。

42.《中国海洋安全战略研究》,载《国际展望》2012年第4期;载人大复印报刊资料《中国外交》2012年第10期。

43.《中国制定海洋发展战略若干思考》,载《国际观察》2012年第4期。

44.《中国建设海洋强国的路径及保障措施》,载《毛泽东邓小平理论研究》2013年第2期。

45.《论中国海洋强国战略的内涵与法律制度》,载《南洋问题研究》2014年第1期；载《中国法学（英文版）》2015年第1期；载《京都产业大学世界问题研究所纪要》第30卷（2015年3月）。

46.《中国海洋政策的文化之维》，载《亚太安全与海洋研究》2016年第5期；载《中国论坛季刊》2016年10月刊；载《广岛法学》第40卷第3期（2017年1月）。

后 记

呈现在读者面前的拙著《海洋问题时评》（第二辑），是《海洋问题时评》（第一辑）的后续系列作品。其中《海洋问题时评》（第一辑）中文版已于2015年6月由中央编译出版社出版；《海洋问题时评》（第一辑）的英文版由中央编译出版社于2017年12月出版。本辑继续保持《海洋问题时评》系列作品的原有风貌，包括在内容、形式和体系上。即对时事性海洋问题的短文并未在标题和内容上作任何比较大的修正和补充，以保持原有海洋问题时评系列作品的风格，也利于读者甄别作者的见识和学术成长过程。

《海洋问题时评》（第二辑）分为四大板块：南海安全环境、南海仲裁案评析、日本研究与中日关系，以及中国海洋政策分析，正文由51篇小文组成。这些海洋问题时评文章在时间上承袭《海洋问题时评》（第一辑）的内容，也即其时间跨度由2014年9月至2017年4月。它们是作者在此时段发表的与海洋问题有关的作品的选辑。当然，在此辑中的个别文章超越此时段跨度的短文也是存在的，这主要因为这些内容对当前海洋情势仍具有重要性而加以编入的。

在上述51篇短文中，主要来源包括三个方面。第一，传统的纸质媒体短文，包括从《中国日报》（英文版）、《东方早报》、《社会观察》、《中国社会科学报》等处发表的短文。第二，新媒体（网络）上发表的短文，包括《人民日报海外版》海外网、澎湃新闻网、文汇新媒体、上观新闻、求是网等。第三，咨询报告。即依据海洋情势的发展，尤其是我国在推进海洋强国战略过程中呈现的多个海洋问题而撰写的决策咨询报告短文。

从内容上看，这些短文中的内容和观点是拙著《中国海洋法理论研究》（第一版、增订版，上海社会科学院出版社2014年和2016年版）所载论文的简缩性观点版。所以读者如要更系统地了解相关内容，请参阅《中国海洋法理论研究》书籍内的论文，以便更全面地理解相关内容和观点。

作为海洋问题研究者，不仅要持续关注研究领域的学术前沿，也应依据时事和海洋情势，选择合适的领域予以研究，更重要的是要将自己撰写的论文和文章及时地对外公布和发表，做到"进口"和"出口"的最佳平衡，以便读者了解，所以特别感谢刊载上述短文的传统纸质媒体和网络新媒体的责任编辑，他们热情而认真的策划和编辑，才能使本人的学术观点和见解予以及时地发表，为此特别感谢大家的帮助和指导。

同时，为撰写各种类型的论文、文章和咨询报告，必要的学术环境和气氛也是很重要的。对此，本人所在工作单位的各级领导均给予了极大的指导和支持，使我能比较及时地完成写作任务、开展学术研讨活动。主要包括上海社会科学院院长王战教授、王振副院长、黄仁伟教授和叶必丰教授等，使我有更多的精力和条件完成研究和写作任务。当然，家人的一贯支持也是我能完成学术研究任务的重要保障。真诚地感谢大家的大力指导和帮助！

最后特别感谢浙江大学光华法学院邹克渊教授欣然拨冗为本辑作序，定将使本书增色不少。感谢中央编译出版社薛迎春编辑的热情而认真的工作态度和作风，使本书能尽早优质面世。特谢大家！

于上海社会科学院研究室

2017年12月30日

图书在版编目（CIP）数据

海洋问题时评. 第二辑 / 金永明著. —北京：
中央编译出版社，2018.10
ISBN 978-7-5117-3626-0

Ⅰ.①海… Ⅱ.①金… Ⅲ.①海洋法-中国-文集
Ⅳ.①D993.5-53

中国版本图书馆 CIP 数据核字（2018）第 222915 号

海洋问题时评. 第二辑

出 版 人：葛海彦
出版统筹：贾宇琰
责任编辑：李媛媛
责任印制：刘 慧
出版发行：中央编译出版社
地　　址：北京西城区车公庄大街乙 5 号鸿儒大厦 B 座（100044）
电　　话：（010）52612345（总编室）　　（010）52612335（编辑室）
　　　　　（010）52612316（发行部）　　（010）52612346（馆配部）
传　　真：（010）66515838
经　　销：全国新华书店
印　　刷：北京环球画中画印刷有限公司
开　　本：710 毫米×1000 毫米　1/16
字　　数：200 千字
印　　张：19.25
版　　次：2018 年 10 月第 1 版
印　　次：2018 年 10 月第 1 次印刷
定　　价：70.00 元

网　　址：www.cctphome.com　　邮　　箱：cctp@cctphome.com
新浪微博：@中央编译出版社　　微　　信：中央编译出版社（ID：cctphome）
淘宝店铺：中央编译出版社直销店（http：//shop108367160.taobao.com）　（010）55626985

本社常年法律顾问：北京市吴栾赵阎律师事务所律师　闫军　梁勤
凡有印装质量问题，本社负责调换。电话：（010）55626985